XIN JIANSHE YU
XIN ZHONGGUO CHENGLI CHUQI DE
LILUN XUEXI

《新建设》
与新中国成立初期的
理论学习

牛利坡　著

人民出版社

序

　　《新建设》杂志是新中国成立初期由民主人士创办、得到中国共产党大力支持的理论刊物,在国内思想文化和意识形态领域产生过重要影响。对之展开深入系统的学术研究,有助于更好地认识新中国成立初期思想文化战线和意识形态领域建设的基本情况。

　　《〈新建设〉与新中国成立初期的理论学习》从新中国成立初期的具体历史语境出发,对《新建设》杂志首次作了比较全面、整体的考察,追考其渊源流脉,辨析其宗旨使命,指明其作者群和读者群之特殊性,分析其学术文本及特征,使《新建设》杂志以立体的面貌呈现出来,给思想理论界和学术文化领域以借鉴和启示,是一项十分必要和富有价值的成果。其学术贡献主要表现在三个方面:

　　第一,澄清了以往研究中的一些误解,明确了《新建设》杂志的真正定位。学术界已有的研究成果中,多是将《新建设》作为一般的宣传文化刊物或具体的专业学术期刊来理解,或者从其学术定位和现实政治的张力角度来理解其实际作用。本书则从新中国成立初期的具体语境出发,通过对《新建设》杂志两个"园地"作用和"学术性月刊"定位的考证,揭示了《新建设》杂志是立足于学术理论工作并从学习、宣传、贯彻党的基本理论和方针政策的角度来规划办刊方向。这与党中央对《新建设》杂志发挥学术优势、阐释宣传党的基本理论和方针政策的现实期望相符合。

　　第二,系统考察了《新建设》杂志的作者群和读者群构成分布及栏目设置、文本产生等情况。通过对其主要作者、读者的考察,厘清了《新建设》杂志作者群体和所撰文本整体的政治方向和学术水准,以及读者群的社会构成和影响;通过对其所设主要学术板块及其文本的分析,揭示了该刊通过刊发大量理论性文本来宣传阐释党的基本理论和方针政策,并积极与国内学术重镇和学术理论大家建立联系以扩充稿源、保障文本质量的情况。

第三,总结了《新建设》杂志以学辅政、以理服人的文本特点及历史经验。通过分析《新建设》在阐释宣传新民主主义建设方针、学习《实践论》《矛盾论》这两个历史过程中的具体作用,进一步说明该刊的"学术"定位主要在于以学术性、理论性话语来阐释和宣传党的基本理论和方针政策,即以深厚的学理支撑推动党的基本理论和方针政策深入人心。在此基础上,探讨了《新建设》杂志的办刊经验对新时代理论学习及中国特色哲学社会科学体系建设的启示。

《新建设》杂志学术性栏目设置齐整,所刊文本涉及学科广泛,要对这些具有鲜明政治色彩和丰厚学术内涵的文本进行比较准确地概括和论述,是一件难度很大的工作。利坡在读博期间,选定了这个具有挑战性的选题,他在宏观历史背景下详细占有资料,深入进行理论分析,形成了独到的见解。本书是利坡在其博士学位论文基础上修改完善而成,相信它的出版对《新建设》杂志的研究将起到积极推动的作用。诚然,站在新中国成立初期思想文化建设的历史语境下,对《新建设》杂志的研究尚待继续拓展和深入,希望利坡能够持之以恒,继续在该领域开掘出新的成果,以飨学界。

王宪明于清华大学善斋

2024 年 5 月

目　录

前　　言

　　《新建设》杂志是新中国成立初期国内思想文化领域的一份学术性刊物，受到国内政、学等界关注。梳理研析《新建设》的刊物定位及其历史作用，具有重要学术价值和现实意义。本书主要通过剖析《新建设》的职责定位及其作者群和读者群特征、主要文本情况等，来明晰其"学术"定位内涵及其在历史上所发挥的实际作用。

　　本书首先从《新建设》的自我定位、学术立场转变和党中央对杂志的期望三个角度，对《新建设》的学术定位进行考辨。《新建设》是立足于学术理论工作，并从学习、宣传、贯彻党的基本理论和方针政策的角度，来规划自身的职责，而《新建设》主持者在学术立场上向马克思主义和新民主主义的转变，为上述定位提供了思想前提。同时，在对中国民主建国会提出团结和争取民营实业家及与其联系的知识分子的职责分工的背景下，党中央也对《新建设》给予了特殊的期望，即发挥学术力量优势，阐释、宣传党的基本理论和方针政策。

　　《新建设》的主要作者群、读者群及其板块设置和文本选题特点，充分表明并支撑了其学术定位。其主要作者群在社会阶层上以文化教育界知识分子为主、在专业领域上以哲学社会科学领域为主、在职业领域上很多作者兼跨了学界和政界，这为其承担上述职责提供了学术力量支撑；《新建设》读者群主要是理论教育工作者、中高级党政机关干部、中高级知识分子群体，这反映了其主要影响范围；《新建设》在内容板块和文本选题上，逐步设立了各类学术类板块，围绕党的基本理论和方针政策刊发了大量理论性文本。同时,通过分析《新建设》在阐释宣传新民主主义建设方针、学习《实践论》和《矛盾论》这两个历史过程中的具体作用,进一步说明刊物的学术定位主要在于以学术性、理论性话语来阐释和宣传党的基本理论和方针政策。

基于以上分析,本书认为对《新建设》杂志,不应根据后来的"学术"观念,仅将其理解为一般的宣传刊物或具体的专业学术期刊,而应根据它创刊时的自身定位及党中央赋予它的现实期望对之作出恰如其分的评价。

绪论 《新建设》源考及其历史价值

　　《新建设》杂志是在中国共产党的支持下,由民主人士王艮仲联合在京的一些知识分子代表,于 1949 年 9 月创刊发行的一份学术性刊物。该刊早期在形式上和作者群上因循了王艮仲早期创办的《中建》系列杂志①,但在内容上特别是指导思想上却是一个全新的开始。该刊原为综合性半月刊,在选题上尤重"学术性,建设性的论著和报道"②。1950 年10 月起,该刊改版为学术性月刊。这次改版不仅增加了每期版面,而且进一步与新中国成立初期的新学术组织建立联系,汇聚了更加权威的作者群体,刊载了大量学术和理论文章,其文章和作者群一时称盛,成为当时国内政、学等界十分关注的理论读物。但是目前各界对《新建设》杂志的关注和研究尚且不够,甚至对其前身、渊源、沿革及其历史价值还有认识不足之处。因此,考辨其前身渊源、表征其历史价值,是对其展开深入研究的首要工作。

一、溯源追迹

　　《新建设》的创刊既有其发行者借助刊物来表达理想并献力于社会建设的内在驱动,同时也有着新中国成立前后国内思想变革和社会变迁的大背景。厘清《新建设》杂志的前身沿革,是理解其在新中

---

　　①　王艮仲在创办发行《新建设》之前,至少创办发行过《中国建设》和《中建》(四种版本)的杂志,且这几种刊物之间还有着密切的联系。此点在后文中有详叙。
　　②　《征稿》,《新建设》第一卷第 2 期,1949 年 9 月 22 日。

国成立前后的历史洪流中之所以能够诞生并产生重要影响的内在前提。

有学者称《新建设》的前身是《中建》（北平版）》。但据笔者查证，仅仅将《新建设》的前身简单理解为《中建》（北平版），不足以反映其前身的全貌。准确地说，其前身应是同一主体创办发行、有着强烈的内在追求，且以"中建"为名的一个刊物群。而之所以有人将《中建》（北平版）直接理解为《新建设》的前身，原因在于《新建设》杂志的主持者和早期作者编者队伍很大程度上延续《中建》（北平版）。也正因为这样，杂志主创人员曾直接将《新建设》的创刊称为是对《中建》（北平版）的"继续"和"改名"，有人还称《新建设》是对《中建》（北平版）的"复刊"。①

对此，已有相关研究进行了初步记述。2009 年，政协上海市南汇区委员会在广泛搜集文献资料的基础上，编撰了《沧海一粟——世纪老人王艮仲》一书，书中简略梳理了王艮仲一生的主要事迹，汇集了其在不同时期的 20 篇文论，并附有友人和后人的纪念或访谈文章。2012 年，政协上海市浦东新区委员会（南汇区于 2009 年正式划归浦东新区），"在原书的基础上对栏目进行适当调整，增加了纪念文章、书信、年谱、图片等"②，重新编撰了《传奇老人王艮仲》一书。两书中都有对《新建设》及其前身《中建》系列刊物的办刊过程的梳理，其中，顾龙生的《中国建设服务社创办始末》和署名"余木、言午"的《为民主和民生呐喊》两文（下文分别简称为"顾文"和"余、言文"），梳理得相对完整和详细。

顾文中清楚指明了《新建设》及其之前的三种杂志的沿革：1.《中

① 参见《新建设月刊发刊辞》，《新建设》第三卷第 1 期，1950 年 10 月 1 日；政协上海市浦东新区委员会编：《传奇老人王艮仲》，2012 年版，第 145 页；白晟编：《费青文集》下册，商务印书馆 2015 年版，第 747、764 页。

② 政协上海市浦东新区委员会编：《传奇老人王艮仲》，2012 年版，第 320 页。

建》①。"《中建》杂志,半月刊,中国建设服务社②出版部该刊编委会编,是 1946 年 6 月 1 日创刊的","创办者、发行人是王艮仲,主编是高祖文","是一个政治刊物","到 1949 年 1 月 16 日,《中建》杂志停刊","一共出版了 3 卷 64 期"。2.《中建》(北平版)。"创始于 1948 年 7 月 20日","北平各大学进步教授吴晗、费青、费孝通等经常举行时事座谈,准备出版一个自己的刊物,但无法领到登记证。王艮仲在上海地下党的影响下,利用上海《中建》的登记证,到北平来创刊了《中建》(北平版)","主编是费青,他是王艮仲东南大学③的同学","《中建》(北平版)当时提出的中心任务是配合革命形势,加速摧毁反动政权……前后出版了 10期",后被国民党政府迫害而停刊。3.《新建设》。北平解放后,原《中建》(北平版)的主要参加者积极适应国内革命形势的发展,"经过长期的考量和准备,决定将《中建》(北平版)复刊,改名为《新建设》双周刊……主要任务是为新民主主义中国的建设提供意见并报导一般情况"。《新建设》从第三卷第 1 期开始,"策划改进,认为以后应以普及和提高人民学术为基本任务,与中国社会科学各研究会取得密切合作,增加编辑委员和常务编辑委员,并决定将综合性的双周刊改为学术性的月刊","主编仍为费青。吴晗为编辑部主任"。④

余、言文中对《中建》、《中建》(北平版)、《新建设》这三种刊物的记述,与顾文中的记述大体上一致。不过,就王艮仲的中国建设服务社所创办的杂志,该文还另外提到了三个线索:1.《中国建设》。"1945 年,中国

---

①　下文中,"《中建》"特指中国建设服务社于 1946 年在上海创办的杂志,与 1948 年创刊于北平的"《中建》(北平版)"相区别。

②　按照顾龙生先生文中记述,中国建设服务社是由王艮仲于抗日战争胜利前在上海创办的,它"是个'总公司'","是一个服务于中国革命建设为任务的社团。它是一个人民团体,并不是一个政团。但它却有着自己的政治抱负与立场"。其业务范围包括农场、杂志、出版社、建设公司、公交公司等企业、商店。

③　其实是东吴大学,而非东南大学。王艮仲和费青是东吴大学附中、东吴大学的同学。参见白晟编:《费青文集》下册,商务印书馆 2015 年版,第 759、827—828 页。

④　政协上海市浦东新区委员会编:《传奇老人王艮仲》,2012 年版,第 1、144—146 页。

建设出版社在江西铅山成立。同年 9 月 1 日,该社公开发行的《中国建设》月刊杂志创刊。社长王艮仲兼《中国建设》发行人,委托高祖文主持其事","编辑部设在铅山祝同路","卷首语为王艮仲撰写的《迎头赶上·后来居上:为胜利而陈辞》"。2.《中建》(华北航空版)。《中建》(北平版)的另一版本,其"登载内容与北平版一致"。3.《中建》(综合版)。《中建》(北平版)停刊之后,"中建社以《中建》(综合版)之名继续办刊,仍为半月刊……发行人为王艮仲",其"出版证照沿用了中建(北平版)的各项执照……内容主要以登载反映时局形势文章为主",①这个版本目前可查只有三期内容。

对上述两文的记述,有两个方面需要特别注意:一是关于 1945 年创刊的《中国建设》的基本情况,二是上述由中国建设服务社创刊的几种刊物及其之间的关系。

第一,余、言文中关于 1945 年创刊的《中国建设》的提法,与前述顾文的观点明显相左。顾文中写道,"《中建》虽然通常被称为《中国建设》,但实际上从第 1 期到最后 1 期,始终以《中建》名称出版。《中国建设》杂志则是我国 1952 年起对外发行的综合性、通俗性月刊","与王艮仲关系就不大了"。② 据查,近代中国以"建设"为题名或题名中带有"建设"二字的刊物不在少数,其中就有 1945 年创刊的《中国建设》(上海 1945),该刊物由吴景崧任主编,出版发行方是王艮仲和中国建设出版社,编委会署名"中国建设编辑委员会","社址位于上海(五)多伦路 2 号",该刊卷首语为王艮仲撰写的《迎头赶上·后来居上:为胜利而陈辞》。③ 其编辑方、发行者、出版社明显指向王艮仲及其中国建设服务社。据此可知,顾文关于《中国建设》与王艮仲无关的提法有误,《中建》和《中国建设》(上海 1945)是王艮仲及其中国建设服务社创办的两种刊物,且后者创办的时

① 政协上海市浦东新区委员会编:《传奇老人王艮仲》,2012 年版,第 1、163—166 页。
② 政协上海市浦东新区委员会编:《传奇老人王艮仲》,2012 年版,第 1、146 页。
③ 上海图书馆—全国报刊索引: https://www.cnbksy.com/literature/literature/ f3e71d5630d40850ba4 fd5213095a2eb。

间要早于前者。不过此处尚有一点存疑：从创刊背景、刊名、创刊时间、出版社、发行者、创刊《卷首语》等方面来看，余、言文所说的《中国建设》即为《中国建设》（上海1945），但关于出版社地址的记述不同，一为"江西铅山"，一为"上海（五）多伦路2号"。这一点尚待依据资料进行考证和澄清。

第二，关于中国建设服务社创刊的几种刊物之间的关系。上述两篇文章中，共提到中国建设服务社在《新建设》之前创办的五种刊物，分别为：1945年创刊的《中国建设》、1946年创刊的《中建》、1948年创刊的《中建》（北平版）和《中建》（华北航空版）、1949年创刊的《中建》（综合版）。据查，这五种刊物的发行人都是王艮仲，出版方都是"中国建设服务社"或"中国建设服务社出版部编委会"。其中，《中建》北平版是利用上海《中建》的登记证在北平异地办刊①；《中建》北平版和华北航空版的刊期和内容完全一致，因此它们其实就是同一个刊物的两个发行版本。

由此可以看出，《新建设》的直接前身确实是《中建》（北平版），但《中建》（北平版）并非一个孤立的刊物，而是与王艮仲和中国建设服务社有着渊源的一个刊物"家族"中的一员。据目前可知这个"家族"至少有五位"成员"，按创刊时间依次为：《中国建设》、《中建》、《中建》（北平版）、《中建》（华北航空版）、《中建》（综合版）。如果从这个"家族"成员的"亲密"程度上来看，内容完全一致的《中建》（北平版）和《中建》（华北航空版）可以被看作是取了不同名字的一对"孪生兄弟"，不过《中建》（北平版）的传播及其知名度明显高于华北航空版；《中建》可以被看作是比它们较早创刊的"兄长"，但与它们在刊物定位和文本内容上差别较大；《中建》（综合版）则是在这对"孪生兄弟"退出历史舞台后短暂出现

---

① 顾龙生曾直接提过"利用上海《中建》的登记证，到北平来创刊了《中建》（北平版）"，而且《中建》（北平版）的登记证号、执照号、主办单位、社址、电话均与上海的《中建》完全一致。另外，1948年8月1日出版的《中建》第三卷第5期，还刊载了署名"编委会"的《祝本刊北平版诞生》一文。参见政协上海市浦东新区委员会编：《传奇老人王艮仲》，2012年；《中建》第三卷第5期，1948年8月1日；《中建》（北平版）第一卷第1期，1948年7月20日。

的一个"小兄弟",它距离《新建设》的创刊时间也更为接近。而在这五个"成员"之后出现的《新建设》刊名中的"新"字含义深刻,它不是简单地代表了上述刊物"家族"的重生,更重要的是代表着新民主主义革命胜利后新的政治经济环境和思想文化背景,同时也表明了《新建设》杂志主持者的路线转变以及在党的基本理论指导下对自身新使命、新任务的自觉。

在关于《新建设》杂志创办过程的记述中,大多体现了两个方面的基本意思:一是原《中建》(北平版)主持者和作者团队在新中国成立前夕的积极努力,二是毛泽东、周恩来等人对《新建设》创刊的支持。

如在《费孝通先生谈费青》中讲道,《中建》(北平版)在停刊后,其主持者仍然积极争取在新中国成立的大背景下发挥作用,于是将刊物在"解放后改名《新建设》",由费青"担任《新建设》主编","编委会还有吴晗、袁翰青、闻家驷、范弘①等联大、北大、清华教授。董事是王艮仲、费振东、潘祖丞,社长是张志让,发行人是王艮仲。"②王艮仲在《忆费青》中指出,《中建》(北平版)停刊后,"经费青与吴晗、张志让等筹划,把刊物恢复,取名为《新建设》,推张志让主持社务,费青为主编。毛主席为《新建设》题写刊名。"③

吴惟诚在《怀念费青先生和〈中建〉半月刊》中回忆,《新建设》的创刊得到毛泽东和党中央的关怀,以及黄炎培的支持,"解放后,《中建》在中央的关怀下,不久就以《新建设》的名义复刊。《新建设》的复刊还得到了黄炎培先生的支持。听说黄炎培先生到北京后,见到毛泽东同志时,曾谈到《中建》复刊之事,毛泽东同志说,《中建》每期他都看过,办的很好,认为应当复刊。"④吉伟青在《我所了解的〈新建设〉》中,简要交代了《新建设》杂志前身——《中建》杂志的创刊、宗旨和停刊,回忆了《新建设》杂

---

① 在《新建设》杂志编委会中并未有过"范弘",而从创刊开始就有"樊弘",故此处所说"范弘"似应为"樊弘"。

② 白晟编:《费青文集》下册,商务印书馆 2015 年版,第 747—748 页。

③ 白晟编:《费青文集》下册,商务印书馆 2015 年版,第 760—761 页。

④ 白晟编:《费青文集》下册,商务印书馆 2015 年版,第 764 页。

志的创刊和在 1958 年发生的隶属关系及编辑队伍调整情况,以及毛泽东曾为《新建设》杂志题写刊名,毛泽东、朱德、董必武、张澜等曾为杂志题词的情况。① 闻宁在《"以一个具有高度文化的民族出现于世界"——毛泽东为〈新建设〉杂志的题词》中,说明了毛泽东为杂志题词的情况②,以及杂志"团结学术工作者、促进新中国建设"的办刊宗旨③。实际上,正是在中国共产党的关注和支持下,《新建设》杂志才能以学术性刊物的身份存在和发声,成为新中国成立初期国内思想文化领域一个较有影响力的刊物。同时,这也是《新建设》杂志在思想立场上逐步接受中国共产党的领导并服务于新中国建设的一个重要条件。

不过,上述回忆中有两点值得注意。一是关于《新建设》的主编。上述回忆中均指出为费青。从《新建设》第一卷第 1 期一直到 1952 年 9 月号(总第 48 期),刊物署名一直是"负责人费青",并有编委会具体名单;从 1952 年 10 月号(总第 49 期)起,编辑者中不再出现个人姓名,而统一署名为"新建设杂志社编辑委员会"④。但是 1950 年,主编费青曾因身体原因而暂离主编职责,之后较长一段时间内,真正在刊物主持编务工作的是陶大镛,在这一点上,赵春明、靳晓燕、刘茜、郑伟、高拴平、杨国昌等人均有着一致的记述或回忆⑤。而且王艮仲对此曾谈道,《新建设》创刊时"费青为主编",后来因"费青患肺气肿,一度曾由陶大镛当主编"⑥。费青本人也曾说起这段经历:"解放后一年中","害了一场大病——肺炎、

---

① 吉伟青:《我所了解的〈新建设〉》,《百年潮》2003 年第 6 期。
② 毛泽东等人的题名和题词情况以《政协代表对于〈新建设〉读者要说的最重要的一两句话》为名,连续刊载在《新建设》第一卷第 3 期(1949 年 10 月 6 日)、第 4 期(1949 年 10 月 20 日)。
③ 闻宁:《"以一个具有高度文化的民族出现于世界"——毛泽东为〈新建设〉杂志的题词》,《党的文献》2017 年第 1 期。
④ 参见《新建设》1952 年 9 月号、10 月号。
⑤ 参见北京师范大学经济与工商管理学院、中国民主同盟中央委员会编:《陶大镛先生纪念文集》,人民出版社 2011 年版,第 26、44、78、105—106、238 页。
⑥ 白晟编:《费青文集》下册,商务印书馆 2015 年版,第 761 页。

肋膜炎,转成肺脓疡——卧病一年半,于公于私,造成极大损失"。① 再者,笔者获得一本 2019 年广东崇正秋季拍卖会资料册《〈新建设〉楚图南、陶大镛文献资料》,内附陶大镛主编《新建设》时与国内著名学者郭沫若、李达、范文澜、周谷城、艾思奇、胡绳等人关于约稿、审稿的往来书札照片,可以作为陶大镛在《新建设》编委会中曾发挥主要作用的一个证据。由此可知,在 1952 年 9 月号之前,《新建设》杂志的主编署名虽然一直都是"费青",但在较长时间内具体承担主编职责的是陶大镛;而且根据费青本人的回忆和陶大镛往来信札的日期来看,这个时间大致在 1950 年 10 月《新建设》改版为学术性月刊之后。二是关于《新建设》划归光明日报社的时间,有着不同的记述。王艮仲作为《中建》(北平版)社长兼发行人、《新建设》杂志创刊发起人和发行人,他的回忆应当可信。不过,王艮仲提到,1957 年"《新建设》移归《光明日报》社接办"②;吉伟青提到,《新建设》杂志"1956 年曾合并到《光明日报》社"③;梁中堂提到,"1954 年 1 月,《新建设》杂志划归《光明日报》社领导"④。如果从刊物本身来看,从 1954 年 2 月号开始,出版方就由原来的"新建设杂志社"改为了"光明日报社"⑤,这一改动应该与杂志"移归《光明日报》社接办"有关。而且,有关"移归"、"接办"、"合并"、"划归"的方式,所代表的含义也不尽相同。这说明对《新建设》杂志创办运行的这一转变尚需要进一步的挖掘和厘清。

二、历史价值

如上所述,《新建设》杂志的创办发行,有着深刻的历史背景。新中国成立初期,中国共产党通过一系列的理论学习和政策宣贯活动,逐步确

① 白晟编:《费青文集》下册,商务印书馆 2015 年版,第 702 页。
② 白晟编:《费青文集》下册,商务印书馆 2015 年版,第 761 页。
③ 吉伟青:《我所了解的〈新建设〉》,《百年潮》2003 年第 6 期。
④ 梁中堂:《马寅初事件始末》,《中共山西省委党校学报》2011 年第 5 期。
⑤ 参见《新建设》1954 年 2 月号。

立了马克思主义的指导地位,推进了新中国基本建设方针的贯彻实施。创刊于新中国成立前夕的《新建设》,正是在这个背景下、立足于学术性定位来规划自己的办刊宗旨与任务,并成为当时具有代表性和影响力的一份刊物。

从刊物创办来看,《新建设》的创刊本身就是一部分民主人士及与其联系的知识分子在思想上和实践上,从旧的革命和文化立场向中国共产党所领导的新民主主义和马克思主义转变的具体体现。而且《新建设》的创刊也得到了毛泽东、周恩来等中央领导同志的认可和支持。1949 年9 月中国人民政治协商会议召开期间,毛泽东、朱德、董必武以及参会的130 多位政协委员为刊物题词或提出寄语①。其中,毛泽东将他在 9 月21 日全国政协第一次会议开幕式上讲的"随着经济建设的高潮的到来,不可避免地将要出现一个文化建设的高潮。中国人被人认为不文明的时代已经过去了,我们将以一个具有高度文化的民族出现于世界②"这段话,作为题词内容写给了《新建设》,落款日期为 1949 年 9 月 29 日。这使得《新建设》从创刊之初就具有了现实的政治基础和职责指向。

从办刊宗旨来看,《新建设》的刊名直截了当地表达了要在"新"的国内环境和"新"的指导思想下,服务于国内建设任务的含义。而对于具体的职责规划,在创刊之初,《新建设》就明确地提出了两个"园地"的职责设定(即作为共同学习马克思列宁主义和毛泽东思想的"园地",以及根据马克思列宁主义和毛泽东思想阐释新中国建设方案的"园地"③)。1950 年 10 月起,《新建设》杂志进行了改版,改版后明确作为学术性月刊,并且宣告了以"马列主义和毛泽东思想的科学真理为指导","建立和扩大学术界的统一战线","普及与提高人民学术"的基本任务④。这样

---

① 这些题词和寄语,以《政协代表对于〈新建设〉读者要说的最重要的一两句话》为名,连续刊登在《新建设》第一卷第 3 期、第 4 期上。其中毛泽东和朱德的签名和题词、其他政协委员的签名,均以手迹的形式刊发。

② 《毛泽东文集》第五卷,人民出版社 1996 年版,第 345 页。

③ 费青:《发刊辞》,《新建设》第一卷第 1 期,1949 年 9 月 8 日。

④ 《新建设月刊发刊辞》,《新建设》第三卷第 1 期,1950 年 10 月 1 日。

的使命规划,恰恰合题于党在这一时期推进确立马克思主义指导地位、宣传贯彻基本方针政策、团结引导各阶层人民共同为新中国建设服务的中心任务。而且这两个"园地"作用的基本职责设定贯穿了刊物始终。因此,在一定程度上说,《新建设》也是适应党在这个时期的中心工作而创办的。

从文书选题来看,《新建设》所刊发的文本,既包括直接的理论学习文章,也包括配合党的方针政策所开展的宣传阐释性文章。如围绕肃清封建主义思想和批判资产阶级思想、开展普遍的理论学习运动以及高校课程改革和院系调整、推进新哲学社会科学建设等实际工作,刊发了大量高质量的理论性文章,推动了马克思主义的普及和在思想文化领域指导地位的确立;配合党在不同阶段的基本政策主张,刊发了大量关于新民主主义建设方针、过渡时期总路线、宪法等的宣传阐释的文章,促进了党的方针政策的广泛认同和全面实施。这些文本坚持马克思列宁主义和毛泽东思想的指导,并且围绕党的基本理论的普及和方针政策的宣传贯彻的现实需求,在当时文化建设领域产生了重要的影响。

从主要作者群来看,《新建设》汇集了当时国内思想文化领域的许多著名的知识分子,如费青、张志让、闻家驷、郭沫若、陶大镛、费孝通、章乃器、黄炎培、樊弘、钱伟长、老舍、冯友兰、邵循正、黎锦熙等,同时也包括著名的党内理论家,如徐特立、李达、胡绳、艾思奇、范文澜、何干之、谢觉哉、侯外庐、何思敬、廖盖隆等。他们既是当时国内的学术理论大家,而且很多作者还在政府机构担任实际职务。因此,他们公开发表的文章在当时国内不仅具有很强的代表性,而且在很大程度上代表了当时理论界对思想文化领域主要历史任务的积极参与。

作为新中国成立初期国内颇有影响力的学术性刊物,《新建设》杂志以其学术性力量,在阐释和宣传党的基本理论和方针政策方面发挥了重要的作用。本书旨在通过对《新建设》等文献史料的考察和梳理,剖析其学术定位的本质内涵及其在这一历史过程中的独特作用。

在新中国成立初期,《新建设》在立足学术定位,用学术性的话语来学习宣传马克思列宁主义和毛泽东思想、阐释宣传新中国建设的方针政策方面发挥了重要作用。因此,该杂志是研究新中国成立初期国内思想文化建设和学术体系建设相关问题的重要文献。

首先,《新建设》杂志所刊文本具有深刻的理论价值。《新建设》杂志贯穿了新民主主义建设、社会主义改造和初步探索的整个历史时期。在这个历史发展过程中,杂志坚持以马克思列宁主义和毛泽东思想为指导,围绕党的中心工作刊发了大量学术性、理论性文本。这些文本是反映当时国内经济、政治、文化等各领域发展变化的重要思想性、理论性文本。梳理和分析这些文本基本内涵、特征及其在当时历史条件下所发挥的具体作用,发掘《新建设》杂志所具有的理论意义,有助于为深入认识这一历史过程提供重要的历史文献参考。

其次,《新建设》杂志所刊文本具有深远的现实价值。坚持中国特色社会主义就必须要坚定道路自信、理论自信、制度自信、文化自信,其中,"文化自信,是更基础、更广泛、更深厚的自信,是更基本、更深沉、更持久的力量"①。新中国成立初期国内思想文化领域的改造与建设,是逐步确立马克思主义指导地位,使马克思主义的立场、观点、方法逐步转化为人民大众的思想武器和理论基础的过程,是中国共产党领导全国文化建设的开端。《新建设》杂志作为致力于文化建设的刊物,在批判非马克思主义思想的错误认识、阐释和宣传党的基本理论、参与和推动全国理论学习运动方面发挥了重要的历史作用,促进了马克思主义在思想文化领域指导地位的确立。因此,《新建设》所刊理论文本及其在过渡时期历史发展特别是在思想文化建设中的具体作用,有助于为深刻认识中国共产党领导新中国文化建设的历史过程,从而为坚定中国特色社会主义文化自信提供历史依据。

最后,《新建设》杂志所刊文本具有深厚的学术价值。《新建设》作为

---

① 《习近平谈治国理政》第二卷,外文出版社 2017 年版,第 349 页。

学术性月刊,在阐释宣传党的基本理论和方针政策方面,发挥了重要的作用。在这个过程中,《新建设》的作用方式主要是理论性的阐释,即立足于其所联系的各哲学社会科学领域内的知识分子,努力将党的政治话语转化为学术话语,以学辅政、以理服人,推进党的基本理论和方针政策深入人心。这本质上就是将哲学社会科学作为"认识世界、改造世界的重要工具","用发展着的理论指导发展着的实践"的具体体现。① 因此,考察《新建设》杂志的具体历史作用,可以为新时代中国特色哲学社会科学学术体系和话语体系建设提供宝贵的历史经验。

三、研究述评

《新建设》作为知识分子创办的刊物,对于当时国内思想文化领域的相关问题给予了密切关注,刊发了大量文章。目前,学术界对其中个别文章进行过内容性的剖析,并在剖析的基础上形成了对《新建设》刊物定位和作用的基本看法。

陈希在《"新建设"杂志等开始讨论形式逻辑与辩证法关系问题》中,针对当时学术界关于形式逻辑和辩证法关系的讨论情况,指出《新建设》杂志社刊登了关于这一问题的讨论性文章②,并且"曾邀请哲学界同志"就这一问题举行座谈③。伟焜在《关于商品生产和价值规律问题——评介〈经济研究〉、〈新建设〉和〈学术月刊〉有关这一问题的讨论》中,概括了题目中三种刊物关于"社会主义制度下商品生产和价值规律的问题"的讨论性文章的主要论点,并指出了当时讨论中一定程度上存在脱离实际的学风问题,"希望讨论时不要限于一般的逻辑推理,而能明确为了解决什么实际问题和理论问题",即更紧密地联系人民公社的生产实际,"对于一些有重大现实意义的问题,从掌握大量材料着手,深入地进行分

---

① 习近平:《在哲学社会科学工作座谈会上的讲话》,人民出版社 2016 年版,第 2 页。
② 陈文所指文章即江天骥发表于《新建设》1955 年 6 月号上的《形式逻辑和辩证法》。
③ 陈希:《"新建设"杂志等开始讨论形式逻辑与辩证法关系问题》,《哲学研究》1955 年第 2 期。

析和研究"①,意指学术讨论中的学风问题。这几篇文章虽然未直接提及刊物方针及定位,但就选文主题和讨论方式来看,主要是将这些文章视作一般学术性讨论的成果。

梁中堂在《马寅初事件始末》中,介绍了《新建设》杂志在 1959—1960 年对马寅初思想批判中所起的作用,并且强调《新建设》是"研究单位所属的学术类期刊"(《新建设》杂志当时已改由中国科学院哲学社会科学学部管理),该杂志对马寅初思想的批判,是在马寅初"重新挑起新一轮的批判活动"之后才引发的,"具有一定的自发性质",与"党组织决定的有组织和有领导的批判活动相区别"。② 张钰在《转折中的学术批判——〈新建设〉杂志与 1954 年对〈红楼梦〉研究的批判》中,分析了《新建设》杂志在批判俞平伯《红楼梦》研究这个问题上的"独特"作用,指出《新建设》杂志作为学术领域内的刊物,在开展思想批判时,"既在学术领域内秉承主流的批判意识,却又同时呈现出一种矛盾和挣扎"。③ 此外,吉伟青结合自己曾担任《新建设》杂志总编辑的经历,回顾分析了杂志的创刊宗旨和划归学部后的编辑方针,指出它是中国共产党所领导的第一份哲学社会科学刊物,好比是"有领导的自由市场","任务是贯彻百花齐放、百家争鸣的方针",开展思想上的学术讨论,"办成高层次的学术刊物",以中等以上学校及学术理论界为主要读者范围。虽然《新建设》在一些问题上"坚持不发表任何批判性质(指政治批判)的文章","没有跟着批判浪潮随波逐流",但是对学术问题和政治问题的界限划分,"实际执行起来很不容易"。④ 谭家健在《〈新建设〉编辑生涯拾零》中回忆,《新建设》杂志 1958 年划归中国科学院哲学社会科学部之后,对贯彻"双百

① 伟焜:《关于商品生产和价值规律问题——评介〈经济研究〉、〈新建设〉和〈学术月刊〉有关这一问题的讨论》,《读书》1959 年第 6 期。
② 梁中堂:《马寅初事件始末》,《中共山西省委党校学报》2011 年第 5 期。
③ 张钰:《转折中的学术批判——〈新建设〉杂志与 1954 年对〈红楼梦〉研究的批判》,《中国当代文学研究》2019 年第 5 期。
④ 吉伟青:《我所了解的〈新建设〉》,《百年潮》2003 年第 6 期。

方针"的编辑办刊方针和"内部实行党的领导体制,而外表仍像无党派人士刊物"的表述,与吉伟青的回忆大体吻合。① 这里是从刊物定位与现实的张力和冲突中讨论了《新建设》杂志的属性和实际作用。

综合来看,目前学术界关于《新建设》杂志及其所刊理论文本的研究,整体上还十分不够,特别是对其在当时理论界和现实领域所发挥作用的挖掘和评价尚显不足。

关于《新建设》创办过程方面。目前学术界的记述,大部分出自《新建设》杂志的主持者或编辑人员,以及其亲属或学生之手。他们或是杂志实际运行的当事人,或长期生活或工作在当事人身边,再加上刊物本身和其他方面的材料佐证,因此可信度较高。但即便如此,整体来看,这些记述仍然多为粗线条、片段式的记述,缺少对杂志具体沿革的整体考证性成果,因此在一些重要细节问题上,或语焉不详,或存在明显谬误,极易影响人们对《新建设》及其历史作用的正确认识和评价。

例如,有些文章中笼统地将《中建》(北平版)杂志称为"《中国建设》",但其实《中建》从创刊到终刊,始终以"《中建》"为刊物的正式名字,这种误称极易使人们将《中建》与其他"《中国建设》"的同名刊物混为一谈;再如,《〈新建设〉编辑生涯拾零》一文中记述:"《新建设》原名《建设》,20世纪40年代后期由部分民主人士创办于上海,为综合性学术月刊。50年代初迁往北京,改名《新建设》,挂靠在《光明日报》"②,在这句话中,对《新建设》前身的刊名、创刊时间和《新建设》的创刊时间、地点、方式的表述均有不准确的地方,对"挂靠在《光明日报》"的表述也不够清晰;又如,有的地方误将《新建设》编辑"樊弘"姓名记作"范弘"③,误将费青和王艮仲就读的"东吴大学"写为"东南大学",且未说明二人在东吴大学附中时即为同学且在同一年升入东吴大学的情况④;等等。

---

① 谭家健:《〈新建设〉编辑生涯拾零》,《百年潮》2007年第11期。
② 谭家健:《〈新建设〉编辑生涯拾零》,《百年潮》2007年第11期。
③ 白晟编:《费青文集》下册,商务印书馆2015年版,第748页。
④ 政协上海市浦东新区委员会编:《传奇老人王艮仲》,2012年版,第145页。

关于《新建设》在文化建设领域所发挥的作用方面。目前尚有大量的理论价值和现实意义需要挖掘。在已有的成果中,多是将《新建设》作为一般的文化现象来理解,或者从其学术定位和现实政治的张力角度来理解其实际作用,而没有将其置于新中国成立初期党在文化建设领域核心任务的历史背景中,分析其对于阐释和宣传党的基本理论和方针政策方面的具体作用。而实际上,该刊物的学术性定位并不意味着超脱于现实的纯粹思辨,它是新中国成立前后的具体历史背景下的产物,又深深地反映和影响于当时的现实。具体来说,在学习宣传党的基本理论、阐释宣传党的方针政策方面,《新建设》被党中央给予一定的期待,并且实际发挥了重要的历史作用。只有从这个角度来理解,才可以全面认识《新建设》所发挥的历史作用及其具有的理论和现实价值,并且才有助于深入了解中国共产党对思想文化建设事业的深刻把握。本书正是尝试通过对史料的爬梳和分析,努力在这一研究上有所进步。

四、研究视角

中国共产党高度重视报刊在宣传思想工作方面的重要作用。新中国成立初期,中国共产党将报刊作为配合党开展中心工作的重要环节和开展理论学习的重要阵地,逐步统一了全国新闻报刊工作,确立了新闻报刊工作的若干方针,为新中国报刊事业的发展奠定了良好的基础。目前学术界对新中国成立初期的报刊史做了深入的研究,不仅有论著问世,还有相关史料的编辑出版。其中除了对中国共产党领导和统一全国报刊工作、报刊自身发展演变所做的考察外,不少成果还重点分析了一些报刊及其所刊文章在马克思主义学习、思想改造、"三反""五反"等运动以及配合中心工作中所发挥的思想教育和舆论引导作用。① 研究《新建设》杂志

---

① 如中共中央文献研究室、新华通讯社编:《毛泽东新闻工作文选》,新华出版社1983年版;中共中央宣传部新闻局编:《中国共产党新闻工作文献选编》,人民出版社1990年版;中国出版科学研究院、中央档案馆编:《中华人民共和国出版史料》第1—5册,中国书籍出版社1995—1999年版。以及方汉奇:《报刊史话》,北京人民出版社2020年版;王晓

的历史价值,也须将其放置于近代报刊史特别是中国共产党对新闻报刊使命的规划之中。

与此同时,从具体时空范围及时代使命来看,1949—1956 年,是在中国共产党领导下,逐步在思想文化领域确立马克思主义指导地位、推进新民主主义建设并建立社会主义基本制度的过程,即我们所说的过渡时期。《新建设》正是在上述背景下来规划自己的使命,并在这个过程中对阐释宣传党的基本理论和方针政策发挥了重要的作用。因此,考察杂志在这个过程中的具体历史作用,对整体把握《新建设》杂志定位的内涵及历史价值具有重要的代表意义。基于此,本书的时间范围选取 1949—1956 年,重点考察这个过渡时期内《新建设》的刊物定位、作者群和读者群特征、主要文本情况,进而分析了刊物所发挥的具体历史作用,揭示其理论和现实意义。

首先,分析《新建设》的创刊背景和刊物对自身的职责设定,从自我视角梳理其"学术"定位的应有内涵;追溯从其前身《中建》系列刊物开始到《新建设》创刊,刊物的办刊方针和刊物主持者的思想路线的转变情况,为理解其刊物定位提供历史的视角;梳理党中央对《新建设》杂志在

岚:《中国共产党报刊发行史》,中国社会科学出版社 2009 年版;马艺:《中国新闻报刊史简论》,新华出版社 1995 年版;方汉奇:《新中国六十年新闻事业》,《新闻战线》2009 年第 10 期;黄春平:《建国 70 年报刊史书写中国共产党报刊入史的演进研究》,《国际新闻界》2020 年第 9 期;赵战花、泽鹏:《记忆重建:十七年时期的中国新闻史书写》,《国际新闻界》2022 年第 3 期;范军:《作为"出版史"的中国近现代报刊史研究》,《华中师范大学学报(人文社会科学版)》2017 年第 6 期;李帆:《报刊史与学术史》,《安徽大学学报(哲学社会科学版)》2012 年第 6 期;李良玉:《报刊史研究与报刊资料的史学利用》,《江苏大学学报(社会科学版)》2008 年第 3 期;张亚:《新中国成立初期的马克思主义学习运动———以〈学习〉杂志为视角》,《中共党史研究》2013 年第 7 期;张亚:《马克思主义理论工作者与新中国国家意识形态的构建——以〈学习〉杂志为个案》,《淮南师范学院学报》2012 年第 1 期;徐建飞:《新中国成立初期的大众传媒发展与马克思主义传播——以〈人民日报〉〈学习〉杂志、中央人民广播电台为中心的考察》,《编辑之友》2014 年第 7 期;曾宪明:《解放初期大陆私营报业消亡过程的历史考察》,《新闻传播与研究》2002 年第 2 期;曹立新:《再论新中国成立后私营报业消亡的原因——以解放初期〈文汇报〉的经历为例》,《国际新闻界》2009 年第 4 期;等等。

新中国成立初期的现实期望,为理解刊物定位提供现实的视角。在此基础上,指出和剖析《新建设》杂志学术性定位的深层次内涵。

其次,围绕上述定位,具体分析《新建设》杂志的主要作者群、主要读者群的基本情况,以及《新建设》杂志学术类板块设置和主要文本的选题倾向、主要来源、内容特征,探明《新建设》杂志承担学术性使命的基本运作方式。在此基础上,选取新民主主义论的阐释与宣传(方针政策方面)、《实践论》和《矛盾论》的学习(基本理论方面)这两个案例,考察《新建设》围绕这两个方面的刊文情况及其现实效应,进一步证明《新建设》杂志的"学术"性定位内涵及其在新中国成立初期所发挥的具体历史作用。

最后,在上述背景和定位分析、人物和文本剖析、例证分析的基础上,分析《新建设》杂志在新中国成立初期对阐释宣传党的基本理论和方针政策方面的历史作用,以及其发挥作用的主要方式。进而引申出《新建设》杂志在发挥上述学术性作用的成功实践,对新时代中国特色哲学社会科学学术体系和话语体系建设的历史启示。

基于以上研究,本书将在史料挖掘及其历史作用彰显方面着力有所突破。首先,挖掘《新建设》杂志对于研究新中国成立初期国内建设事业的史料价值。《新建设》的主持者、编辑队伍和主要作者群均为新中国成立初期国内各领域的著名知识分子代表,且在创刊之初就明确了致力于国内文化建设的宗旨,之后又改版为学术性月刊。它所登载的很多文章是新中国成立初期国内思想文化领域的重要文献,在阐释和宣传党的基本理论和方针政策、服务新中国建设事业方面发挥了重要作用。本书拟在梳理这一文献的基础上,挖掘其对新中国成立初期国内建设领域特别是思想文化建设领域所刊文章的史料价值,从而为深入这一领域的研究提供丰富的思想文本。其次,在新的视角下审视《新建设》杂志的历史作用。《新建设》杂志的办刊宗旨和选题考量,主要是围绕新中国成立后中国共产党确立指导思想和宣传贯彻路线方针政策的时代使命。考察《新建设》杂志的自我定位、党中央对杂志的现实期望,并考察其围绕这一定位的选题倾向、文本内涵特征、文本产生等基本状况，可以分析新中国成立初期《新建设》在阐释和宣传党的基本理论和方针政策方面的具体历史作用，从而力求对刊物定位及其历史价值作出恰如其分的评价。

第一章 《新建设》学术定位分析

刊物的定位反映了刊物主持者的思想倾向和现实路线,决定了刊物对现实产生影响的具体方向和方式。《新建设》从创刊初期,就逐步明确了"学术性月刊"的定位,并将之放置于新中国各方面建设事业的具体语境下,从学术发展和理论普及上进行规划和展开。这是理解《新建设》杂志学术性定位的应有视角,对这一视角下刊物定位的分析也是全面把握刊物属性及其具体历史作用的基础。

之所以《新建设》杂志能够确立并坚持这样的定位,有其特定的内外因素。一方面,《新建设》杂志主持者在学术立场、思想倾向及现实路线上向新民主主义的转变,为《新建设》杂志确立和坚守学术定位、发挥历史作用提供了前提。另一方面,《新建设》杂志的这一定位及其历史作用的发挥,同时也契合了中国共产党对新闻报刊工作的一贯重视,特别是其中还包含了党中央在新中国成立初期对《新建设》杂志给予的现实期望。

第一节 《新建设》自我定位

目前学术界已有的研究成果中,多是将《新建设》作为一般的宣传文化刊物或具体的专业学术期刊来理解,或者从其学术定位和现实政治的对立角度来理解其实际作用,而没有将其置于新中国成立初期党的核心任务的具体历史语境中,分析其对于阐释和宣传党的基本理论和方针政策的具体作用。① 其实,从创刊之初,《新建设》对自己的"学术"性定位及其主要职责,就是立足于其所联系的学术性力量,从学习和宣传党的基本理论、阐释和宣传党的方针政策的角度来规划的。

《新建设》杂志对自身"学术"性的职责定位,与当时的思想文化环境密切相关。文化观念演变和制度革新往往相互交织,在新制度创建的过程中,新的文化观念为其提供思想指导和理论支撑;在新的制度已然创建之后,新的文化还要借助现实政治的力量进一步使自身得以普及,以实现整个社会核心价值观念的统一与提高。1949 年新中国的成立,标志着新的制度创建的开始,中国共产党也由此成为在全国执政的党。因此,对思想文化上的问题进行认真的清理,逐步在全社会确立马克思主义的指导思想,并且实现党的政策主张的有效宣传与贯彻,既顺理成章,也势在必行。从现实性上来说,这一时期对党的基本理论的"普及"需要超过了"发展"的需要。② 这是《新建设》杂志创刊并在其中规划自己职责定位的具体历史语境。

---

① 参见闻宁:《"以一个具有高度文化的民族出现于世界"——毛泽东为〈新建设〉杂志的题词》,《党的文献》2017 年第 1 期;陈希:《"新建设"杂志等开始讨论形式逻辑与辩证法关系问题》,《哲学研究》1955 年第 2 期;伟焜:《关于商品生产和价值规律问题——评介〈经济研究〉、〈新建设〉和〈学术月刊〉有关这一问题的讨论》,《读书》1959 年第 6 期;梁中堂:《马寅初事件始末》,《中共山西省委党校学报》2011 年第 5 期;张钰:《转折中的学术批判——〈新建设〉杂志与 1954 年对〈红楼梦〉研究的批判》,《中国当代文学研究》2019 年第 5 期。

② 周扬在新中国成立之初报告全国文化艺术工作时,也曾指出:"全国文化艺术工作总方针是普及与提高人民新的爱国的文化,而以普及为第一位的任务……在整个文化艺术工作中,首先选择那些对于开展普及工作最为需要,在广大人民中间最有影响的部门作为重点来进行",如电影、戏曲、群众业余艺术活动、连环图画与年画、文艺书籍、科学知识普及等。(参见中共中央宣传部办公厅、中央档案馆编研部编:《中国共产党宣传工作文献选编》第三卷,学习出版社 1996 年版,第 200 页)。此外,也有学者将这种普及称为意识形态的"社会化",认为"意识形态领域历史的研究是以各意识形式及载体的具体运作以及由之构成的总体(总和)实践为对象的。它大致应有两方面的基本内容:意识形态(主要是占统治地位的意识形态)的基本原则及其自身的发展变化;意识形态基本原则的社会化(包括其形式、途径、方法及其过程等)。"(参见朱育和等主编:《当代中国意识形态情态录》,清华大学出版社 1997 年版,第 3 页)。

从对自身主要任务的定位上来看，《新建设》对这一历史语境及其自身在这一语境下的具体任务，有着明确的认识。其发刊辞中这样说道："新民主主义中国的建设，应该从建立新观点、新思想做起。像我们这样的许多知识分子，过去在反动政权下固曾以威武不屈贫贱不移自勉，在思想上亦始终不甘落后"，但是自从了解了在马克思列宁主义指导下、从中国革命实际中总结提炼而来的毛泽东思想，以及中国共产党人"在这个指导理论下的种种坚苦实践，我们确深感到有加紧学习的必要。希望这本刊物就成为共同学习的园地，来相互鼓励和督促"；同时，关于如何在马克思列宁主义、毛泽东思想的指导下，来提供和讨论建设事业的具体方案方面，"《新建设》更将是一个公开的园地"。①

这里，《新建设》明确提出两个"园地"的具体职责。其中，第一个"园地"是学习的"园地"，学习的内容是"马列主义"以及毛泽东等中国共产党人在用马克思主义指导中国革命实际过程中所提炼的"正确理论"，即毛泽东思想。新中国成立以后，开展普遍的马克思列宁主义、毛泽东思想的理论学习运动，是确立马克思主义指导地位的基本步骤，也是巩固新生政权、开展新民主主义建设的现实需要。《新建设》为自己设定的第一个"园地"的作用，就是为这个任务服务的。而第二个"园地"则是在党的基本理论的指导下，为新中国建设事业积极建言献策和讨论意见的"公开的园地"，也就是说，为新中国各领域建设方案进行理论性的阐释。这两个"园地"的作用，实际就说明了《新建设》从创刊开始，就是从治理国家的基本理论和方针政策的层面来规划自己的使命和任务的。

1950年改版为学术性月刊后，《新建设》对上述使命更加明确和具体了。在改版发刊辞中，其主持者明确提出了当时"学术文化"的发展跟不上时代发展要求的问题，指出"中国新民主主义的文化，自从'五四'以来，突飞猛晋，在社会科学和文艺的领域中引起了大革命，击败了帝国主义的文化和封建主义的文化"，但是"各地的学习运动虽已热烈展开，而

① 费青：《发刊辞》，《新建设》第一卷第1期，1949年9月8日。

我们的学术研究工作,显然还不够活跃,还不能好好地运用马列主义的立场和方法来具体地分析和研究中国现状和中国历史;我们对于各种现实问题的剖析,也还不能上升到理论的高度"。根据这样的现实状况,提出了自己今后的基本任务就在于"普及和提高人民学术",以使"学术文化"发展跟上时代发展的步伐。可见,《新建设》改版为学术性月刊后,其刊物的主要职责追求也并非是某一专业领域内的纯知识性探讨,而是有着强烈的为新中国建设事业服务的现实关怀,即坚持马克思列宁主义、毛泽东思想指导,立足于学术研究工作,以"中国现状"和"中国历史"为观察对象,发挥学术研究在认识世界、指导实践和对实践经验进行理论化总结方面的作用,以使得学术研究赶上新中国成立后思想理论学习的"时代要求",从而更好地为新中国建设服务。同时,《新建设》在指出学术文化方面存在"不够活跃"、"不能好好地运用马列主义"和没有很好地对现实进行理论总结的问题的基础上,引出了改版后刊物在学术理论工作方面的具体任务。① 这说明,对于学术理论工作的社会功能,《新建设》也是从坚持党的基本理论的指导和对实践进行理论化总结的角度来把握的。

同时,学术界承担着理论传承创新和思想引导的重要功能。《新建设》要发挥上述作用,就必须要依靠学术界的力量。《新建设》在创刊之时就联了当时在京高校的许多知识分子,从而为刊物提供了重要的学术文本来源。在改版之后,《新建设》杂志提出,适应全国普遍的理论学习和迎接文化高潮的需要,全国的学术理论工作者应该在马克思列宁主义和毛泽东思想的指导下,建立起"学术界的统一战线",并"希望全国学术界同人,把本刊当作自己的园地,为新民主主义的文化建设而共同努力"。② 此后,《新建设》杂志继续与各个学术组织和学术机构建立密切联系,为其进一步发挥好学术性刊物作用提供了更加充实的学术力量。

在这里,《新建设》清楚地指明了其"人民学术"的立场和方向。1951

---

① 《新建设月刊发刊辞》,《新建设》第三卷第 1 期,1950 年 10 月 1 日。
② 《新建设月刊发刊辞》,《新建设》第三卷第 1 期,1950 年 10 月 1 日。

年 4 月,《新建设》进一步提出了在学术工作上的具体任务:

> 我们的学术研究工作应该更好地为广大人民保卫和发展我们的国家的实践而服务;我们要通过学术研究工作来巩固广大人民对我们的伟大祖国的过去、现在和将来的正确认识,我们一定要不断地提高新中国的理论水平和学术水平,发展民族的、科学的、大众的新文化,使新中国的文化学术无愧于我们的在文化上有无限的灿烂成就的先人,并且在全世界进步的文化中成为重要的不可缺少的一个部分。

> 我们要不断地争先地以新的科学发明、新的学术创作和新的文化食粮,来配合和供应国防建设、经济建设和广大人民的迫切需要。

> 在现阶段,我们每一个学术工作者的最大任务,就是要总结中国人民的斗争经验,彻底完成中国人民反帝反封建的思想解放。[①]

可见,《新建设》学术性月刊提出的"普及与提高人民学术"的任务,具体来说就是适应理论学习需要和文化建设高潮,用马克思列宁主义、毛泽东思想的观点来研究历史、分析现实、指导实践,并对建设实践的相关问题进行理论化的总结和阐释,从而配合和服务于新中国建设。很显然,作为学术性月刊,《新建设》实际上是立足于学术研究工作,并在阐释和宣传新中国建设的基本理论和方针政策的层面来规划刊物的职责和使命的。

对于《新建设》的学术性定位,应从更加深刻的角度去理解。《新建设》创刊时虽然以"综合性"刊物的身份出现,但在文本选题上对"富有学术性"的论著是非常欢迎的。[②] 1950 年 10 月改版后,正式明确了"学术性月刊"的定位。

对"学术"概念的理解,有助于我们把握《新建设》杂志定位的深层次内涵。《辞源》解释,"学术"指"学问,道术","后来称有系统而较专门的

---

① 《学术工作者在爱国主义旗帜下的伟大任务》,《新建设》第四卷第 1 期,1951 年 4 月 1 日。

② 《征稿》,《新建设》第一卷第 2 期,1949 年 9 月 22 日。

学问为学术"。① 《辞海》解释,学术指"学问","亦指较为专门、有系统的学问"。② 在中国文化典籍中,"学术"一词曾这样使用:《史记·老子韩非列传》中说:"申不害者,京人也,故郑之贱臣。学术以干韩昭侯,昭侯用为相。内修政教,外应诸侯,十五年。终申子之身,国治兵强,无侵韩者。"《史记·张仪列传》中说:"始尝与苏秦俱事鬼谷先生,学术,苏秦自以不及张仪。"这里的"学术"实指学习治国之术。《北史·宇文护传论》中说:"然护寡于学术,昵近群小,威福在已,征伐自出,有人臣无君之心,为人主不堪之事"。《旧唐书·杜暹传》中说:"素无学术,每当朝谈议,涉于浅近。"清代刘献廷《广阳杂记》中称:"诸葛孔明为千古一人,其学术全从此书出。"这里的"学术"实指治国的思想和方略。《后汉书·盖勋传》中说:"凉州寡于学术,故屡致反暴。今欲多写《孝经》,令家家习之,庶或使人知义。"《袁州学记》中说:"孝武乘丰富,世祖出戎行,皆掔掔学术。俗化之厚,延于灵、献。"这里的"学术"又有统治者的主流思想教化之意,古代长时间内曾特指儒家的学问和治术。清代贺长龄《皇朝经世文编》中,分学术、治体、吏政、户政、礼政、兵政、刑政、工政八纲,其中"学术"的要义也在于治国之思想观念。梁启超认为,学术思潮的产生发展的根源在于"环境之变迁"和国民"心理之感召":"凡文化发展之国,其国民于一时期中,因环境之变迁与夫心理之感召,不期而思想之进路,同趋于一方向,于是相与呼应汹涌如潮然","凡'思'非皆能成潮,能成潮者,则其必有相当之价值,而又适合于其时代之要求者也","内中环境一项,包含范围很广,而政治现象,关系最大"。③ 这些案例都充分说明,在中国的文化语境中,"学术"一词与治理国家的基本理论和基本方略有着天然的联系。

结合上述《新建设》杂志对刊物职责的自我设定情况来看,杂志并不

---

① 《辞源》,商务印书馆 1988 年版,第 432 页。
② 《辞海》第 6 册,上海辞书出版社 2019 年版,第 5015 页。
③ 梁启超:《中国近三百年学术史》,中国书籍出版社 2020 年版,第 11、13 页。

是聚焦于某一个专门的、系统的知识体系,而是立足学术研究工作,致力于为学习马克思列宁主义、毛泽东思想,阐释和宣传新中国建设的具体方针而服务,即为新中国成立初期党的基本理论的学习和方针政策的宣传贯彻而服务。从实际刊登的文本来看,无论是其创刊时作为侧重于学术性、建设性的综合性刊物,还是改版后明确作为学术性月刊,其所登载的文本大多是围绕新中国成立初期党的基本理论的学习、宣传和运用,以及面向建设领域的现实问题或方针政策进行理论化阐释和宣传的文本。

综上可知,对《新建设》杂志的"学术"定位,也应该从其立足学术研究工作、面向新中国建设事业,阐释和宣传党的基本理论和方针政策的角度来理解。而这恰恰是认识和把握《新建设》具体历史作用的关键所在。

第二节 《新建设》办刊方针的转变

《新建设》的上述学术性职责设定,与其主持者的学术立场直接相关,而学术立场实际上体现在其主持者的办刊方针上,并与其主持者的思想立场和实践路线相一致。解放战争时期,中国建设服务社在对自身的路线和方针进行反思和超越的基础上,顺应历史潮流,实现了办刊方针由面向团体的"内向"进修向开放的人民立场的转变,实践路线由保守改良向支持和配合人民革命的转变,思想立场由三民主义向马克思主义和新民主主义的转变。而《新建设》之所以能够实际承担起上述职责,很大程度上也是因为其主持者在思想上真正接受马克思列宁主义和毛泽东思想、在实践上切实践行新民主主义的政策方针。所以,考察中国建设服务社从早期刊物到《新建设》创刊,所实现的办刊方针、思想立场和实践路线的转变过程,能够帮助我们从历史的视角来把握《新建设》杂志学术性定位的深层次内涵。

从现实角度来说,《新建设》主持者的学术立场直接表现在其办刊方针上。而对《新建设》办刊方针的考察,不得不追溯其历史的脉络。根据绪论中所述,《新建设》杂志如果从其主持者中国建设服务社的角度来溯源,可以上溯到 1945 年 9 月创刊的《中国建设》和 1946 年 6 月创刊的《中建》,以及 1948 年 7 月创刊的《中建》(北平版)。① 这三种刊物的沿革清晰地体现了中国建设服务社的早期办刊方针,即从"内向"属性到人民立场的转变。

首先,《中国建设》在办刊方针上坚持"晟国人"和"勉自己"并举。1945 年《中国建设》创刊号的"卷头言",以孙中山在《三民主义》讲稿中指出的"迎头赶上"、"后来者居上"②为题名,这本身就代表了刊物遵从于孙中山的三民主义的政治倾向和建设主张。其中,编者还对抗战胜利后的国内局势抱以厚望,而且这种期望的意义超越了国内的范围:

> 我们要有这样的新认识:作为世界家族重要一员的中国,她必本着她的建国者的可宝贵的遗训,和认识那缔造新世界的新理想,来尽其在国际家族间的重大使命。这两者——建国者的遗训与新世界的新理想——是有其相融不背之点,中间并无扞格不入之处。
>
> 国父中山先生的学说,是一个重"知"的学说,他一再指示我们要"学习英美",要"迎头赶上"。我们在学术的领域,什么都比人落后,这是由于过去我们对于这一方面太不努力,太不提倡的后果;
>
> 为了改进这一状况,还必须做到三个先决条件:
>
> 第一个先决条件是根据联合国宪章的基本精神,精诚与我们的伟大盟国及其他加入联合国的各大小国家,保持密切的合作,从而精神上物质上受到互惠与利赖……第二个先决条件,是愿我们全国上下,怵于这次战祸之酷,破坏之甚,痛定思痛,一方面既须具有安不忘危的认识,他方面又须努力建设,以觅取和平幸福为首务……第三个

---

① 绪论中还提到另外两种刊物:《中建》(华北航空版)和《中建》(综合版)。其中,《中建》(华北航空版)实为北平版的另一种发行版本,内容、刊期完全一样;《中建》(综合版)是北平版被迫停刊后于 1949 年 1 月起续出的,仅出了三期,其影响力不如《中建》(北平版)。因此,这里只说明《中国建设》、《中建》和《中建》(北平版)这三种刊物的办刊方针和思想立场转变。

② 《孙中山选集》下,人民出版社 2011 年版,第 716 页。

先决条件,是矫正这几年来所产生的不良风气,这种不良风气的蔓延,使少数人对学术研究的重要,发生不良认识,走入歧途……产生了轻知识重实利,轻力行重投机的现象,当此建国开始之日,我们为此首先有提倡改革社会风气,改革大众精神的必要。

　　我们愿本着这种宗旨,在抗战完成之日,与读者开诚相见,既持此晟国人,亦以之勉自己。①

可见,《中国建设》作为具有浓重的时评色彩的综合性刊物,是在对国内和平和国际互助抱以深切厚望的前提下,按照孙中山三民主义的"遗训"来审视国内局势及学术研究和文化建设的道路。在中国建设服务社所创办的早期刊物中,其三民主义的政治立场便由此开始体现。不过,《中国建设》将建国的先决条件放了国际互助、国内和平和改革社会风气上面,虽然都有其合理性,但显然没有抓住根本。从后来的历史发展明确可知,所谓广泛的国际互助演变成了两极对立的格局,而国内和平也因国民党政府发动内战而推迟了很多年,至于对学术研究的重视和提倡,本无不妥,但是将其作为先决条件,显然是忽视了社会实践的基础,而且其本质上也还是在为三民主义及孙中山建国方略的路线所张目。另外,发刊辞最后指出的刊物的实际作用在于"晟国人"和"勉自己",也就是说它的理想定位并不局限于某一个团体,其中有面向社会、扩大社会影响的内在追求。

其次,《中建》内向性方针的确立及动摇。1946 年 6 月,《中建》在上海创刊,虽然此时距《中国建设》创刊不足一年,但是其对时局的看法与《中国建设》创刊时的热切期待,形成鲜明反差:

　　我们在"胜利"生活中间过渡了半年多时间。正如若干人所说,不少人被胜利冲昏了头脑。到一个相当消汰了兴奋情绪的时间段落,宁静起来,看得到的却是撩乱的一片。胜利的一个意义是敌人屈服,自己挺直起来。今天的事实呢? 敌人固然倒下了,自己却同样的

---

①　《迎头赶上·后来居上:为胜利而陈辞》,《中国建设》创刊号,1945 年 9 月 1 日。

没有伸起腰肢。胜利的另一个意义应该是百废俱举;而今天的事实,却又是废举莫辨,凡般皆弛。胜利带来的光明与希望,获得了胜利的短短时程中,却尽是消汰光明和希望的景积。

在这种认知之下,《中建》的办刊宗旨转向了为实现三民主义而力行逐步的"进修"与"实践":

> 进修有着实践的要求。也有着以实践保证其活动内容的必要。

> 不断的学习、不断的实践。从学习中实践,以实践为学习。《中建》的发刊,主要的意义应该如此。

> 这刊物在性质上是内向的。换句话说,它是同志的刊物;然而我们深信我们的道路是中国人的共同道路,我们的期求是中国人的共同愿望;所以把一点应该藏拙的东西公开,把一个迫切的心意无保留的袒露,让大家浸润于进修,使生命力量的发挥成为一种有价值的实践,那么,这个微弱的呼声,也许不太寂寞。在我们,更有着汇成洪流创造一股新生力量不自卑的愿心![①]

可见,随着对时局看法的改变,《中建》在创刊时由一年前的"晟国人"和"勉自己"并重,转向了更强调"勉自己"的"内向"属性,即作为本社社员的进修刊物的定位。这与《中国建设》创刊时那样对整个国家所抱有的强烈使命感,以及对刊物所设定的普遍面向社会的"晟国人"的定位相比,有了明显的改变,此时的刊物更加强调通过"勉自己"来达到影响整个社会的效果,因此它所表现出来的主要就是"内向"的属性。但是,需要注意的是,这并不意味着它就放弃了其政治主张的普遍意义,它在确定内向定位的同时,还保留着深信这是"中国人共同的道路"和"共同的愿望",期望"汇成洪流"的追求,只不过是把这种期待或希望寄托在不会产生太大影响的自我进修上了。[②] 所以,《中建》自创办以后,在办刊方针上始终存在着"对内"与"对外"的矛盾,即对内作为社员进修刊物的

---

① 《进修·实践——代发刊辞》,《中建》创刊号,1946 年 6 月 1 日。
② 《进修·实践——代发刊辞》,《中建》创刊号,1946 年 6 月 1 日。

方针与对外扩大社会影响的追求之间的矛盾。这也是该刊物一直致力于解决的问题。

1947年,《中建》在创刊一周年之际,刊载了《本刊一周年的检讨》一文,其中在肯定刊物"对象为社员,内容为进修"的基本性质的基础上,提出了"同志教育与扩大影响"的关系问题,指出刊物虽然是内向的"同志教育"式的刊物,但"作为代表团体的刊物,也必须担当得起'扩大影响'的任务","'同志教育'与'扩大影响'在实践中不仅配合得起来,并且也统一得起来"。① 不过,指出问题不代表解决了问题,指明方向不代表一定会朝着这个方向发展。之后,《中建》杂志在社内关注度不够、对外没有扩大影响的双重问题并未得到切实解决。1948年,《中建》创刊两周年之际再次刊载总结检讨的文章,其中又指出刊物"推不出社的圈子以外"和"连圈内也不生影响"的问题,并指出造成这种情况的原因既包括编辑方针上的,更重要的是刊物内容上的:"不正确的意会了'对内'的意义……所以有形无形的把事工与问题停留在社内为止,或者是停留在个别的修养上面,成为与现实的支解隔绝",而忽视了对外的推广;"疏忽了,甚至不曾去争取有关于阐发、研讨社的纲领或路线的文章",即对"进修"真正含义的理解与执行不到位,没有从与现实联系的角度和从实践路线的高度去理解局部进修的意义。②

恰如《中建》自己总结的那样,之所以出现上述"对内"与"对外"的矛盾问题,有编辑方针上的原因,但是说到底还是进修和实践内容以及对这些实际内容的理解和执行方面。不过,《中建》只看到了"术"的不足,而没有理解"道"的缺陷,他们没有认识到的是,办刊方针宗旨是由社团的实践路线所决定的,刊物不受关注,根本上说还是其实践路线出了问题。从根本上来说,出现这些问题的原因就在于其所代表的社会改良的路线不适用于中国的国情。由于在实践中没有更好的出路,所以关于实

---

① 《本刊一周年的检讨》,《中建》第一卷第 24 期,1947 年 5 月 16 日。

② 《对团体进修的一种意见——本刊第二周年的总结检讨》,《中建》第二卷第 24 期,1948 年 5 月 16 日。

践路线的宣传教育和理论探讨自然就难以进行下去;而且即使从"术"的层面上探讨和宣传了,在实际中也很难取得理想的效果。

再次,《中建》(北平版)对《中建》办刊方针的超越。1948 年 7 月,适应国内革命发展形势,王艮仲等人在北平创办了《中建》(北平版),这代表了其在办刊方针上又一次转变的开始。因为其批评当局的立场,所以《中建》(北平版)"在表面上是含垢忍辱,委曲求存,——我们既未出创刊号,更没有发刊辞"①。不过,8 月在上海出版的《中建》第三卷第 5 期,刊载有《祝本刊北平版诞生》一文。其中将北平版的诞生视为"从工本刊以来最值得兴奋和快意的一件事",并给予北平版高度评价,称其为"后生的老哥"。这可能是因为《中建》的内向属性,只面向社内发行,对外影响面不大,所以敢于在其中说出真实的想法。而之所以称后者为"后生的老哥",表明它在对自身办刊路线进行深刻反思的同时,也对后者给予了很高的期待:

> 一个社团刊物(指上海的《中建》),刊物性格为事业决策所肯定。两年多的时间中,我们常在这样一种感觉的困扰中:"内向性"的限制,是不是限制了这个刊物的生命力发旺? 限制了较多可尽与应尽的社会使命? 换言之,说的只是极少数人的事情,而且只有极少数的几个人说话。自然,这些事情和说话,必不至对整个国家社会的进步全无意义;但在这个进步的时代里,一种浓重的保守性格,至少是配合不上时代、跟不上时代、甚至可能已经远落在时代后面的。
>
> 或以为,报道一点尽小的洁净,总有好处。这对,但不尽然。在大而且激的浊流中,一滴清露,瞬即混逝,自保尚且不可,澄清之功何求? 不足以速应毁灭者之亡,更难能对新生命起催生的作用。
>
> 就刊物言刊物,关系的圈子打不开,实质上所患的虚弱症同时愈来愈严重。不被欢迎,甚至将被拒绝接受,社员如此,遑论社外? 不被欢迎或被拒绝接受,反证了这是一种不必要的浪费;从不被接受而

---

① 费青:《发刊辞》,《新建设》第一卷第 1 期,1949 年 9 月 8 日。

推想到一种不被关心的孤独。

这种"不必要的浪费"和"不被关心的孤独"的心情,与上文提到的《中建》在上海创刊时所言"也许不太寂寞"、"不自卑的愿心",又一次形成鲜明对比,表明《中建》已经在反思自己之前固守团体的保守路线的弊端,并且在一定程度上认识到了自身问题的症结在于"缺乏化入'平凡'这一层的勇气",从而提出了面向人民的进步的立场:

> 刊物是"建设服务"的事业之一,无论目的在"对外的扩大影响"抑或"对内的联系与教育",同样必须通过广大人民的考验:接受意见,汲取经验,这样才能使团体和代表团体的刊物,针对人民服了务。

> 怎样判断出社或刊物在社会上做了有意义的事、在人民有了好处呢?最可靠而显明的证据就是:缩短了对人民大众的距离,人民站过来的愈来愈多,我们真逐渐成为人民的事业者……因此,把"团体"和"事业"在无形中视为与人民可分的那种错觉,是必须纠正的。为团体,为事业,基本上必须是为人民的。具体的说,"团体"和"事业",意义上不专属参与组织或工作的"我们",不属于我们关系到的人,而应当属于并服从于人民大众。

> 北平版的诞生……是一个进步倾向的开始,是社的划时代的飞跃:从特殊走向平凡,从皈依团体走向皈依人民。①

随后,《中建》(北平版)发挥其"配合当时革命形势,加速摧毁反动政权"的作用,刊载了大量时评类文章,站在人民的立场,对国民党政府展开抨击和批评,并且还曾批判帝国主义和官僚资本主义思想,鼓吹人民革命的立场;后来受到国民党政府的迫害,被迫停刊。但是它所确立和坚持的人民革命的立场,为后来《新建设》真正实现办刊方针转变准备了条件。

最后,《新建设》杂志面向新民主主义和人民革命立场的方针的确立。1949年9月,《新建设》发刊辞中指出:"新建设此后的任务,一方面

---

① 《祝本刊北平版诞生》,《中建》第三卷第5期,1948年8月1日。

固然不应疏忽了对于帝国主义和国内反动势力的警惕而将继续揭发其阴谋,但主要的将是为了新民主主义中国的建设而提供我们的意见和方案"。具体来说,就是将杂志作为共同学习马克思列宁主义、毛泽东思想的"园地"和在这个思想理论指导下阐释和讨论新中国建设具体方案的"园地"。①

这里可以清楚地看到,与早期几种刊物相比,《新建设》彻底放弃了之前刊物的保守立场,实现了办刊方针宗旨的转变。它不仅代表了杂志被国民党政府迫害而停刊后,重又获得了新生,更重要的是它标志着《新建设》与以往相比具有了新的思想文化环境、新的办刊方针和宗旨,以及从事"建设"的新方式和路径。

1950 年 10 月,《新建设》改版为"学术性月刊"。在其改版发刊辞中,明确指出了当时国内存在"学术文化的进步却还落在时代要求的后头"的问题,认为这种问题主要表现在"还不能好好地运用马列主义的立场和方法来具体地分析和研究中国现状和中国历史"方面。因此改版后的《新建设》明确了"以马列主义和毛泽东思想的科学真理为指导"和"为新民主主义的文化建设而共同努力"的宗旨,提出要建立起"学术界的统一战线","以普及和提高人民学术为基本任务","迎接正在到来的文化建设高潮"。②

这两份发刊辞中均明确了坚持"新民主主义"和"马列主义和毛泽东思想"指导的立场和方针,并且确立了刊物面向人民的"园地"作用。虽然刊物及其主持者的思想彻底转到马克思主义的立场上需要一个实践的过程,但是上述两份发刊辞中的明确定位确实是一个里程碑,它标志着无论中国建设服务社的团体事业还是其所办刊物,开始逐步汇入新中国建设的潮流中。由此可以得出结论,与早期的几种刊物相比,《新建设》的办刊思路实现了由"内向"性的团体改良向开放的人民立场的转变。

①　费青:《发刊辞》,《新建设》第一卷第 1 期,1949 年 9 月 8 日。
②　《新建设月刊发刊辞》,《新建设》第三卷第 1 期,1950 年 10 月 1 日。

《新建设》刊名的"新建设"三个字，就直截了当地宣告了这种转变。其中，"建设"二字，表明其致力于新中国建设事业的宗旨，主编费青在发刊辞中还明确阐述了"破坏和建设"的"相辅相成"关系，指出"在革命过程的不同阶段中来看，则破坏和建设确有孰重孰轻之分"，但是当前的情况是"解放革命的过程已从如何夺取胜利进入于如何巩固这个胜利的阶段"，而"巩固胜利，则重在建设自己"，因此我们现在"尤其需要善于建设一个新世界"，《新建设》杂志主要的将是为新中国的建设事业而服务①；"新"字的含义丰富，代表了以下几层意思：新的指导思想，即从三民主义转向了马克思主义和新民主主义，接受了中国共产党的领导；新的办刊定位，即从面向团体服务于少数人的保守路线转向了服务于人民大众的事业，并且直接地参与到普遍的理论学习等实际任务中。如果从后来的发展来看，这个"新"字实际上还代表了社会主义的新方向。这些转变都是随着革命发展的步骤而逐步实现的，是历史的选择，因此具有历史必然性。

第三节　主持者学术立场的转变

根据上述分析不难看出，办刊的方针宗旨与社团的思想立场和实践路线往往是一致的。具体来说，《新建设》主持者的思想立场和实践路线决定了其办刊方针，办刊方针反过来又是在执行和服务于社团的思想立场和实践路线。与办刊方针所经历的由"内向"到开放的人民立场转变一致，《新建设》主持者在这个过程中相应地实现了在三民主义的思想指导下强调通过社团"进修"、"实践"以影响整个社会的逐步改良，到坚持在马克思主义指导下服务于新民主主义革命和新中国建设的转变。而思想立场和实践路线的转变，又决定和代表了《新建设》在学术立场上的新

---

① 费青:《发刊辞》,《新建设》第一卷第 1 期,1949 年 9 月 8 日。

方向。

首先,中国建设服务社对自身使命的早期规划,基本上是按照孙中山《建国方略》的步骤展开的。孙中山在《建国方略》中指出了革命成功之后的"建国计划",要"举而行之",具体包括心理建设、物质建设(即实业建设)、社会建设(即民权方面的建设)和国家建设四个部分。① 遵循这一思想,国内陆续出现了诸多以"建设"为名的期刊,孙中山本人也于1919 年领导创办了《建设》月刊。1945 年 9 月,中国建设服务社所创办的《中国建设》,便是这一传统在抗日战争胜利后的延续。

王艮仲所创办的中国建设服务社,前身为通益公司,通益公司的主要工作内容为实业,即孙中山所言"物质建设"。对此,王艮仲在抗日战争胜利之前曾指出,"国父于建设事业……我人现正自任物质建设岗位之一"②。1944 年 3 月,通益公司更名为"中国建设服务社",王艮仲将通益公司看作为中国建设服务社的"史前期"③,也有人将这次更名称为"归宗"、"正名"④。其中一个原因就在于中国建设服务社的事业按照三民主义建国方略的规划得到了扩展,即在实业建设之外增加了伦理或思想建设的内容,更加贴合于三民主义的建国方略:

> 我们确信三民主义革命建筑在二大础石:一是伦理的基础;二是经济的基础。所以,在团体创立的开始,就指出了我们的任务:一是:革命的伦理建设;二是:革命的经济建设。⑤

于是,中国建设服务社以社团为基础,相继创办了农场、浦东地方建设公司、浦东公交公司、出版社等实业机构。同时,其对于理论的认识和自觉逐步显现,主要体现在:

> 从人生观的确定,进而作三民主义理论内容的具体把握,这可以

① 《孙中山选集》上,人民出版社 2011 年版,第 120、123 页。
② 政协上海市浦东新区委员会编:《传奇老人王艮仲》,2012 年版,第 204 页。
③ 《中建二年》,中国建设服务社 1947 年版,第 6 页。
④ 政协上海市浦东新区委员会编:《传奇老人王艮仲》,2012 年版,第 142 页。
⑤ 《中建二年》,中国建设服务社 1947 年版,第 1 页。

说是我们团体一个飞跃的进步。通益时代提示了远大实业的理想，一年以来的进步，便是确立了这个理想的具体内容，坚强了实现这个理想的决心和自信。这一进步的主要意义，便是进修配合了事业的要求。①

这标志着中国建设服务社逐步明确了其具体的思想立场和实践路线。相应地，围绕这一立场和路线，在团体的组织和领导原则上，作了如下规定和调整：

一是：团体家庭化，家庭团体化；二是：团体事业化，事业团体化。前一项，属于革命的伦理建设的范畴；后一项，属于革命的经济建设的范畴。

为了配合团体的进步，为了适应团体的需要，为了强调我们的任务，并为了明显我们的目标，我们补充了团体领导方针所基的二项原则；我们提出了新的口号：一是：团体组织化，伦理社会化；二是：事业计划化，经济民主化。"团体组织化"是"团体家庭化"的补充；"事业计划化"是"团体事业化"的发展；"伦理社会化"是"家庭团体化"的扩张，就是所谓"整个社会之家庭之社会化"；"经济民主化"是"事业团体化"的扩充，就是所谓"整个国家事业之社会化"。②

可见，中国建设服务社的实践路线，一开始实际上是按照三民主义建国方略，致力于物质建设（即实业建设）和心理建设（具体指对三民主义的"进修"、理解和实际把握）。在实践的具体路径上，则主要是依托于中国建设服务社团体的力量，并且希望团体事业能够对外扩大影响，进而实现整个社会的建设愿望。

而且，在对国民党当局失去信心后，中国建设服务社并未立即放弃"三民主义"的思想立场。1946 年《中建》创刊时，中国建设服务社对抗战胜利后的时局和国民党政府当局的看法均发生变化。他们对时局看

① 《中建二年》，中国建设服务社 1947 年版，第 13 页。
② 《中建二年》，中国建设服务社 1947 年版，第 2 页。

法,已经没有了《中国建设》创刊时的"兴奋情绪"和殷切"期待",取而代之的是对"消汰光明与希望"的时局的不满与失望;对当局的态度,不再像《中国建设》创刊时那样公开支持所谓国家"领袖",而是称其为"不肖的门徒"。对于"消汰光明和希望"的原因,中国建设服务社并未作出合理的解释,只是简单地归因于"被胜利冲昏了头脑",但是他们此时认为改变这种局面的希望仍然在于三民主义:

> 其实,我们具有着生长的可靠的慰藉:三民主义便是一个具体的把握。提示了动向,也提示了由近而远的步骤。然而,光辉的创造,不幸遭遇到双重厄运:曲解与伪装,特别是被不肖的门徒□敛其灿烂。由于这一主观条件,造就了多多少少对于这个光辉创造的腐蚀与损害。①

《中建》创刊号上还刊登了发行人王艮仲所撰写的《一个"中建斗士"的要求》,其中进一步明确了"《中建》是本社社员的进修刊物",并且指明社内成员须遵守"三民主义"的路线,不公开反对整个国民党,而是坚持"救党建国"的主张。②

可见,此时《中建》在指导思想上仍然是坚持三民主义的方略,但在具体的实践路线上却更加倾向于保守的改良道路。所以,他们在"救党建国"的主张下,把注意力投向了促进三民主义的具体进修和实践上,企图用社团对内的、逐步改良的办法来影响和改变整个党,进而达到"建国"的目的。《中建》作为社内团员进修刊物的"内向"属性,便是这种保守的改良路线的具体体现。

其次,1948年前后,中国建设服务社在对《中建》内向、保守的办刊定位进行反思的同时,也对自己以往固守改良的实践路线进行了全面反思,而且在思想立场上实际上也对三民主义有了某种程度的反思:

> 进一步看,在新与旧、进步与倒退、生长与腐蚀这两种绝不相容

---

① 《进修·实践——代发刊辞》,《中建》创刊号,1946年6月1日
② 王艮仲:《一个"中建斗士"的要求》,《中建》创刊号,1946年6月1日。

的力量进行着消长的搏斗时,即如宗教家穆罕默德,一手持可兰经,另一手还得一把剑。这是说,诅咒退不了恶魔,开不出到天堂的道路。同样的理由,在腐根上灌溉而望其生长新芽,反不免懈怠了彻底斫伐腐根的功夫……这并不是我们不应有过去这一段的意思;而是在说,我们不应再继续这一段。

它告诉我们,我们陷入了寂寞的悲哀。真理不罹孤独,但寂寞却为"真理"带来怀疑。我们搞这刊物,也爱这刊物,对"奄奄一息"之状难受,更不能不对寂寞带给我们真理的怀疑正视。应当有不够,更应当有正视这个"不够"的胆量。一句说话:必须急速扬弃过去一段而飞跃于新的一段。

刊物如此,整个的社亦然。

北平版的诞生……是一个进步倾向的开始,是社的划时代的飞跃:从特殊走向平凡,从皈依团体走向皈依人民。这条路决不会错,应当明确它,坚持它。我们祝祷而且深信:这条路必能远,必能久,必能宽。①

这里有个明显的转变需要注意,那就是对三民主义,之前称之为"伟大的真理",认为需要做的只是"具体"其"轮廓","充实"其"内容",向其"诚心的看齐","不断的学习,不断的实践"②,而在此时却由于"寂寞"而对"真理"产生了"怀疑"。对于实践路线而言,这实际上表明两个变化:一是对"在腐根上灌溉"的改良做法产生了怀疑,而对"彻底斫伐腐根"的革命路线有了某种程度的期待;二是实际上否定了固守团体的"内向"的关门主义方针,而对更加开放的人民立场表示了支持和欢迎。

最后,新中国成立前,初步实现向新民主主义和人民革命立场的转变。1949年《新建设》创刊时,明确提出了致力于"新民主主义建设"的宗旨,对于马克思列宁主义和毛泽东思想,提出了有"加紧学习的必

---

① 《祝本刊北平版诞生》,《中建》第三卷第5期,1948年8月1日。
② 《进修·实践——代发刊辞》,《中建》创刊号,1946年6月1日。

要"①;到 1950 年改版时,《新建设》不仅明确了要"为新民主主义的文化建设而共同努力","普及与提高人民学术",而且明确改称"马列主义和毛泽东思想"为必须坚持的"科学真理"②,从而真正开始了其思想立场和实践路线由三民主义指导下的建国方略向马克思主义和新民主主义的方向的转变。

对于上述历史过程,王艮仲本人曾作过"三阶段"的划分和评价:一开始,"本社确曾欲藉革命性的建设事业之示范以影响中国国民党的作风,并进以谋整个中国国民党的改革。但胜利以后几年的实际经验完全否定了这个愿望。自从政协破裂以后,对于从现状中谋改革的幻想逐渐完全消逝",即改良主义路线的破产。第二个阶段,是"每一个真正的革命的三民主义者""应该与革命的民主党派联合起来,予反动派以打击,并使其彻底消灭",但中国建设服务社在执行这个阶段任务的同时,犯了"跟不上去"时代的错误,具体来说包括"改良主义"、"英雄主义"、"关门主义"的错误。这是其路线在转变的过程中,即看到了以往路线的不适用,但是自身弊端还未彻底避免、新的路线尚未完全建立的阶段。第三个阶段,是"新民主主义的革命方向","每一个革命的三民主义者今天应该更加积极地在中国共产党及工人阶级领导之下团结小资产阶级及民族资产阶级为新民主主义革命建设而共同奋斗"。王艮仲还把第三阶段的任务比作"太阳普照",把之前的实践称为"灯火",表示"如果天已亮了,太阳普照",那就应该"放下灯火","接受太阳,以与光明的原动力相配合"。③

同时,还应该看到,这一转变与中国建设服务社及王艮仲个人的经历有关。王艮仲在新民主主义革命时期就与中国共产党人有过联系,并在抗战结束后逐步站在了反对国民党反动统治的一方。王艮仲在抗战时期

---

① 费青:《发刊辞》,《新建设》第一卷第 1 期,1949 年 9 月 8 日。
② 《新建设月刊发刊辞》,《新建设》第三卷第 1 期,1950 年 10 月 1 日。
③ 政协上海市浦东新区委员会编:《传奇老人王艮仲》,2012 年版,第 228—229 页。

曾"通过金学成找到共产党员林钧合作,建立淞沪青年抗日工作团",并曾利用自己的身份设法解救被捕的中共党员姚溱,协助吴晗、李正文等共产党员以及黄炎培等民主人士脱离国民党特务的监视和迫害;1945 年创办《中国建设》时就吸纳姚溱等中共党员参与编辑部工作;1949 年 4 月王艮仲曾取道香港,在香港与潘汉年相见,"正式接受共产党领导"①。这反映了在新中国成立前,中国建设服务社和王艮仲的立场和革命路线向中国共产党的转变,很大程度上是他们根据自身原有路线随实践变化而不断调整的结果,是他们对历史发展作出的自主选择的结果,具有历史必然性。

综上所述,从创办《中国建设》、《中建》等早期刊物开始,《新建设》主持者对刊物的定位就不是从专业学科知识的角度来进行的,而是从探索改变近代中国社会现状的道路的角度,直面近代中国社会现实,在一定的思想立场指导下、围绕一定的实践路线,不断探索变革道路并为之而努力。《新建设》的创办标志着其主持者在这一探索过程中的思想立场和实践路线向马克思主义和新民主主义的转变。而作为学术性月刊,这一转变实际上也代表了其学术立场的转变。对这个探索过程中的学术立场转变的上述考察,为把握《新建设》杂志的"学术"定位内涵提供了清晰的历史视角,同时也为《新建设》切实承担起阐释和宣传党的基本理论和方针政策的学术性职责提供了思想前提。

第四节 党中央的现实期望

新中国成立初期国内思想文化建设中最核心的任务就是确立马克思主义的指导地位、宣传贯彻好党的方针政策,并在这个旗帜和政策引导下

① 政协上海市南汇区委员会编:《沧海一粟——世纪老人王艮仲》,2009 年版,第37—43、129、140—142 页。

争取社会各阶层对新政权的拥护、凝聚起全国人民的思想共识,共同服务于新中国建设事业。在这个过程中,中国共产党非常重视新闻报刊对思想舆论和方针政策的宣传和引导功能。而中国共产党给予《新建设》的现实期望,不仅是要其发挥新闻报刊的一般性作用,而且还因为《新建设》广泛联系民主人士和知识分子的优势而赋予其更高的定位,那就是利用其学术性力量,在民主人士和知识分子中间阐释和宣传好党的基本理论和方针政策,团结和引导这些人士共同为新中国建设服务。

从主要领域来看,新闻出版工作属于文化工作的范畴。党的文化工作的最高目标就是举旗定向、争取"人心"、凝聚"共识",比如在革命年代就是选定理想主义、高举旗帜指明斗争目标和方向、凝聚鼓舞人心共同奋斗,"主义譬如一面旗子,旗子立起了,大家才有所指望,才知所趋赴"①。正如习近平总书记所总结的那样:"人心是最大的政治,共识是奋进的动力。"②新中国成立后,中国共产党对新闻出版工作的职能定位,也是围绕当时国内主要任务和中心工作,聚焦举旗定向、争取"人心"、凝聚"共识"而展开的。

首先,作为配合中心工作的"必要"环节。配合不同阶段的中心工作,宣传党的方针政策、引导和凝聚广大人民群众,是中国共产党赋予新闻出版工作的主要功能。新中国成立初期,在土地改革、镇压反革命、中苏缔约、抗美援朝、"三反""五反"运动、过渡时期总路线制定实施等工作中,中共中央就新闻宣传工作如何配合好这些中心工作的开展,均发布过相应的指示和要求。1951年4月,中共中央在学习宣传工作经验的通报中曾指出,各级党委都要"把向群众作宣传当作进行一切工作的一个必要的步骤"③。1954年5月,陆定一曾对报纸工作配合中心工作作出评价:

---

① 中央中央文献研究室、中共湖南省委《毛泽东早期文稿》编辑组编:《毛泽东早期文稿》,湖南出版社1990年版,第554页。
② 《习近平谈治国理政》第三卷,外文出版社2020年版,第326页。
③ 中共中央宣传部办公厅、中央档案馆编研部编:《中国共产党宣传工作文献选编(1949—1956)》,学习出版社1996年版,第217页。

"全国报纸工作……在各种斗争和建设事业中已成为党在全国范围内宣传和贯彻党的路线、方针和政策,指导实际工作,联系和教育广大人民群众的有力武器",如"在抗美援朝、民主改革(工矿、城市)、思想改造、'三反''五反'、'新三反'、宣传总路线、生产建设这些方面(还有地方性的,譬如救灾等等),都起了很大的作用"。而且"我们的报纸是坚决服从党的领导的,党要我们宣传什么,我们就宣传什么,党决定不要我们宣传的,我们就不宣传",因为"有些问题,宣传了是好事,但也有些问题,不宣传也是好事,一切都要听从党的决定和安排"。① 这里明确指出了党将新闻宣传工作作为开展中心工作的重要"步骤"和"工具",亦即将其作为配合好党的中心工作的一个必需的、对中心工作起着重要的宣传引导教育功能的环节。

中国共产党把新闻宣传工作配合中心工作的过程,实际上也看作了思想教育的过程。因为任何工作的推进落实,都需要有群众的广泛支持,在推进落实这些工作时,首先就需要对人民群众阐释和宣传好这一工作的重要意义、现实要求和具体政策,以求得人民群众对这项工作及其具体政策的接受、认可和践行。而这个过程恰恰就是消除人民群众中存在的错误认识,用马克思主义的根本立场、观点和方法去教育引导人民群众,从而统一思想共识、启发群众觉悟的过程,因此,"实际的中心工作与宣传的中心工作应该是一致的"。而且,配合好党的中心工作,不仅体现在正面的宣传报道和舆论引导,也包括把新闻宣传作为斗争的重要工具,在思想舆论上为中心工作的开展扫除障碍。如毛泽东曾强调,在抗美援朝战争中要"以新闻揭露与报纸评论来进行斗争,更为刻不容缓之举了";在对国内资产阶级的斗争中,对资产阶级的错误应"公开在报纸上予以揭露和批判";各地方在"三反""五反"运动中都要"管好了自己的报纸、通讯社和广播电台的工作";对"典型的官僚主义"等错误思想和做法,"应在报纸上广为揭发"等。②

---

① 《陆定一文集》,人民出版社 1992 年版,第 456—458 页。

② 中共中央文献研究室编:《毛泽东年谱(1949—1976)》第一卷,中央文献出版社 2013 年版,第 385、486、508 页;第二卷,2013 年版,第 5 页。

　　应该注意到的是,在配合中心工作的同时,党领导的新闻出版工作自身也经历了宣传话语由"革命"向"建设"的重要转变。一方面,在话语内容上,政权巩固之后,国内各方面建设逐步成为了新闻宣传的主旋律,因此要更多地报道全国建设尤其是经济建设方面的事件和成就,比如新中国成立前后,国内新出现了不少带有"建设"字样的报刊。1954年7月,《中共中央关于改进报纸工作的决议》中也明确要求报纸要加强经济建设方面的宣传。另一方面,也是更重要的方面,是话语方式逐步向执政党和全国性政府的角度转变。比如在对于国内国际大事的报道角度上,1950年1月,新华社总社发布意见指出,"今天我们已掌握全国政权,登上世界政治舞台,各种国际国内政治大事,都与我们有密切而重大的关系,我们中国人民再不能不理会不发言。这就是为什么这类报道必须经常地成为我们整个报道中的一部分,并必须注意日加改进"①,也就是说应注意作为全国执政者的身份去关注和报道大事件。

　　其次,作为开展理论学习的"最重要"阵地。在全国范围内广泛开展马克思列宁主义、毛泽东思想的学习,确立马克思主义在意识形态领域的指导地位,是新中国成立后国内思想文化领域的核心任务。在这个任务上,新闻出版工作同样也负有重要责任。

　　做好宣传舆论引导是新闻出版机构作为理论学习阵地的重要体现。中共中央指出,在理论教育工作中,"党的领导机关应当督促和指导自己的宣传工作部门和党的报纸、刊物、出版物,为宣传马克思列宁主义——毛泽东思想而服务,报刊出版物是进行理论教育工作的最重要工具,因此必须坚决地改变现在绝大部分报刊出版物不重视自己在这一方面的严重任务的恶劣现象。必须改善《人民日报》、《学习》和《中国青年》的编辑工作,使他们成为帮助党和青年团以及广大人民学

---

　　① 中共中央宣传部办公厅、中央档案馆编研部编:《中国共产党宣传工作文献选编(1949—1956)》,学习出版社1996年版,第19页。

习马克思列宁主义——毛泽东思想的主要机关"①。1954 年 7 月,《中共中央关于改进报纸工作的决议》中明确要求,"各级党委必须以大力提高报纸的理论宣传水平,使各级党委机关报、特别是省、市以上党委机关报进一步成为宣传马克思列宁主义,宣传党的总路线,宣传社会主义思想,宣传党的政策和决议的重要基地"②。可见,在思想文化方面,报刊特别是党报党刊,一开始就是作为思想理论学习的"重要工具"、"主要机关"和"重要基地"而存在和发挥作用的,并且反复以"最重要"、"主要"、"重要"来形容其作用之巨。由此可见党对新闻出版工作这方面作用的重视。

为全国理论学习出版理论著作和通俗读物是出版机构作为理论学习阵地的直接体现。1951 年 3 月,《中共中央关于加强理论教育的决定的通知》中,提出,"为了准备在明年实施中央关于加强理论教育的决定,今年必须进行相当的准备工作,特别是教材的准备"等③。1950 年重建的人民出版社,配合全国理论学习,开始陆续编辑出版大批马克思主义经典著作,在 1956 年开始出版《马克思恩格斯全集》,同时出版了《列宁全集》、《斯大林全集》、《毛泽东选集》的部分卷本,以及许多单行本,如《矛盾论》、《实践论》等。1954 年 4 月,中共中央在批转中央宣传部《关于改进人民出版社工作状况的报告》中指出,"三年来,人民出版社的编辑出版工作已有改进",在出版的著作中,"马克思、恩格斯、列宁、斯大林和毛主席的著作占有显著地位,并年有增加。一九五三年出书四百七十四种,其中马克思、恩格斯、列宁、斯大林和毛主席的著作,在种数上占百分之三十一,在册数上占百分之三十五,而在一九五三年以前种数仅占百分之十

---

① 中共中央文献研究室编:《建国以来重要文献选编》第二册,中央文献出版社 1992 年版,第 129 页。

② 中共中央宣传部新闻局编:《中国共产党新闻工作文献选编(1938—1989)》,人民出版社 1990 年版,第 34 页。

③ 中共中央文献研究室编:《建国以来重要文献选编》第二册,中央文献出版社 1992 年版,第 121—122 页。

三点七,册数占百分之二十三点四"①。此外,人民出版社、新华书店、三联书店、人民文学出版社等也配合全国理论学习需要,出版了一些学习读本或通俗读物,如胡乔木的《中国共产党的三十年》、艾思奇的《历史唯物论——社会发展史讲授提纲》、华岗的《社会发展史纲》等。这些书籍的出版,极大地推动了全国理论学习运动的顺利开展。

最后,作为联系群众的"有声音"的媒介。新中国成立初期,在国内各方面建设事业逐步推进和马克思主义指导地位逐步确立的过程中,需要建立起与人民群众的紧密而牢固的联系,把党的声音传到人民群众中,正如习近平总书记所指出的那样,新闻舆论工作要"把握正确舆论导向","巩固壮大主流思想舆论","让党的创新理论'飞入寻常百姓家'"。② 同时还要把群众中的"声音"鲜活地反映出来。

新中国成立初期,中国共产党明确提出希望报纸评论能够"成为有声音的东西"。1951年,中共中央关于理论教育的决定中曾指出这方面工作中的不足:"党的报纸刊物很少刊载理论文字,不善于运用理论来解释和指导人民群众的日常生活,缺少对于各种非马克思主义的理论的批评,因而使党的宣传限制在狭隘的范围内和低下的水平上。"③胡乔木也曾经举过这样一个实例来说明这个问题:"《平原日报》在三月的上半月,从许多县份跑到报社去问事的就有五百一十三人,他们要求报社来解决他们的问题",因此"我们的报社要努力使自己成为一个政治中心,这样群众的意见和领导机关的意见才会集中到我们这里来"。④ 显然,中央对报刊工作的要求,不仅仅是要把它变成一个"传声筒",更要它作为一个在党的领导下传播新思想、宣传新政策、教育引导人民并且在这个过程中

---

① 中共中央宣传部办公厅、中央档案馆编研部编:《中国共产党宣传工作文献选编(1949—1956)》,学习出版社1996年版,第747页。
② 《习近平谈治国理政》第三卷,外文出版社2020年版,第312—313页。
③ 中共中央文献研究室编:《建国以来重要文献选编》第二册,中央文献出版社1992年版,第122页。
④ 中共中央宣传部新闻局编:《中国共产党新闻工作文献选编(1938—1989)》,人民出版社1990年版,第11、18页。

表达群众心声的"发声筒"。

另外,批判和纠正实际工作中存在的错误认识和做法,也是新闻出版工作联系群众的重要体现。而批判和纠正存在的错误,根本目的也是为了巩固主流思想舆论、树立正确的指导思想和建设方针,从而巩固新生政权、确保各项中心工作顺利开展。如 1950 年 5 月,毛泽东曾在给胡乔木关于指导全党整风问题的信中提到,要"注意报纸刊物的报道和指导"①,其中就包含要发挥报纸刊物对错误思想观念的批判作用。1954 年 7 月,《中共中央关于改进报纸工作的决议》中明确要求,各级党报要"成为反对一切脱离马克思列宁主义、脱离党的总路线的倾向和与资产阶级思想作斗争的重要武器"②。

可见,中国共产党对报刊工作的这些职责定位,也都是在思想文化领域如何普及党的基本理论、教育引导和争取群众的核心追求上进行的。对报刊工作的这些一般性的职责定位,也是《新建设》杂志的任务所在。

《新建设》杂志除承担新中国成立初期报刊工作的一般性职责外,还由于其主持者身份和作者群知识分子聚集的特点,被党中央赋予了特殊的现实期望,即代表和争取与民族资产阶级相联系的知识分子,并以其知识分子的学术性力量为新中国文化建设服务。

首先,党中央对《新建设》的现实期待,与对黄炎培和中国民主建国会的职责分工密切相关。

由于黄炎培本人的实践经历及中国民主建国会所代表的阶级属性,在新中国成立前,中国共产党对黄炎培和中国民主建国会提出了代表、团结和引导民营企业者及其所联系的知识分子的职责,并且对黄炎培本人提出了帮助安定上海局面的具体要求。

早在抗战时期,毛泽东就对黄炎培及其所代表的民主力量有着明确

---

① 中共中央文献研究室编:《毛泽东年谱(1949—1976)》第一卷,中央文献出版社 2013 年版,第 145 页。

② 中共中央宣传部新闻局编:《中国共产党新闻工作文献选编(1938—1989)》,人民出版社 1990 年版,第 34 页。

的定位,1940 年 10 月 14 日,毛泽东曾在给刘少奇等人的电报中指出,黄
炎培等领导的职业教育社在江浙地区的知识分子和民族资本家中有很大
影响力,应该注意吸收他们"参加我们的文化教育和财政经济事业"①。
1948 年 4 月 30 日,黄炎培因为中国民主建国会声明响应中国共产党五
一号召,而上了国民党的"黑名单"并在上海被国民党特务监视。1949 年
3 月 26 日,毛泽东会见辗转赴京的黄炎培,"强调民建要以民营实业家为
主,以推动民营经济为主要工作,请黄做将建立的新中国民营经济的牵头
人,一方面向共产党反映民营实业家的要求,另一方面向民营实业家传递
共产党的声音",并且向其说明了中国共产党的经济政策,希望黄炎培能
够"迅速地利用自己的影响,向外界传递这一精神"②。4 月 7 日,毛泽东
在致邓小平、饶漱石、陈毅的电文中指出,黄炎培等人"是上海自由资产
阶级的代表,我们认为,接收及管理上海如果没有自由资产阶级的帮助,
可能发生很大的困难……这件事,你们现在就应开始注意……不但上海
如此,整个京、沪、杭区域都应注意此点"③。4 月 15 日,毛泽东邀请黄炎
培等民主建国会主要人士 11 人聚会,"嘱勉为解放上海出力"④。5 月 26
日,周恩来邀集黄炎培、盛丕华、章乃器、孙起孟等民主建国会负责人,
"介绍新政协筹备会召开日期、对政府下属各机构设置的研究准备情况
和召开各界全国性团体会议等问题",并对民主建国会的前途和职责分
工作出明确指示:"进行新民主主义经济建设,需要各党派真诚合作。民
主建国会的成分有工商业者和与工商业者有联系的知识分子以及文化界
人士,因此民主建国会应团结、教育、领导好他们,坚持公私兼顾、劳资两
利,为经济建设服务"。6 月 21 日,周恩来和陈云、李维汉会见即将赴沪

---

① 中共中央文献研究室编:《毛泽东思想年编(1921—1975)》,中央文献出版社 2011
年版,第 270 页。

② 黄方毅:《黄炎培与毛泽东周期率对话——忆父文集》,人民出版社 2012 年版,第
72 页。

③ 中共中央文献研究室编:《毛泽东年谱(1893—1949)》修订本下卷,中央文献出版
社 2013 年版,第 477—478 页。

④ 尚丁:《黄炎培》,人民出版社 1990 年版,第 178 页。

的黄炎培等人,"对他们在沪期间应做什么工作提出建议","表示中共愿与黄永久合作"。① 6 月 25 日,中共中央向华东局发出指示,指出黄炎培、陈叔通、盛丕华、包达三等人已赴沪,要求发挥他们在稳定上海局面、恢复发展生产方面的作用②。

之后,黄炎培及其所带领的中国民主建国会便按照上述方针和使命展开行动。"他们(指黄炎培等民主建国会的负责人)一致同意中共中央提出的:民建以'民族工商业者为骨干,包括公营企业者'的方针。从此,黄炎培明确认识到,带领民建会的全体成员,在中国共产党的领导下,积极发展和推动民族工商业者会员在工商界中发挥模范、带头和桥梁作用,配合中国共产党贯彻有关重大政策,为建设新中国贡献力量,是他今后的一项光荣的历史使命。"③6 月 21 日,黄炎培"受托归沪安定人心";黄炎培到上海后,用一个多月时间"接洽各方人员,出席各种会议,讲演多次,完成了临行周恩来交托的诸事",之后带家人返回北京。④ 8 月,为了反对美国国务院发布的《美国与中国关系》白皮书中所提出的"民主个人主义",黄炎培迅速在《人民日报》刊文,以民主建国会的名义发表声明,揭露美帝国主义的阴谋,并且指出中国民族资产阶级和帝国主义的基本利益是相违背的,他们只有新民主主义这一条"唯一的光明幸福的道路",绝不会成为美帝国主义侵略和控制中国的工具。⑤

黄炎培及中国民主建国会的这一声明,在新中国成立前的国内局势中极具代表意义,它对内代表了其对中国共产党的支持和拥护,对外则是直接地表达了与美帝国主义决裂的态度。毛泽东在声明发表当天和第三

① 中共中央文献研究室编:《周恩来年谱(1898~1949)》修订本,中央文献出版社1998 年版,第 848—852 页。
② 中共中央文献研究室、中央档案馆编:《建党以来重要文献选编》第 26 册,中央文献出版社 2011 年版,第 435 页。
③ 尚丁:《黄炎培》,人民出版社 1990 年版,第 178 页。
④ 黄方毅:《黄炎培与毛泽东周期率对话——忆父文集》,人民出版社 2012 年版,第18 页。
⑤ 《加强内部团结和警惕 答告美帝好梦做不成——民主建国会在平发言人痛斥白皮书》,《人民日报》1949 年 8 月 24 日。

日分别给黄炎培去信,肯定了声明的内容,指出它对于教育和团结民族资产阶级具有重要的作用。①

新中国成立前,毛泽东、周恩来等中国共产党领导人同黄炎培等人如此密集的互动,不仅是中国共产党团结民族资产阶级的具体体现,而且也是向黄炎培和中国民主建国会提出了具体的职责分工,即团结和代表民营实业者及其与之联系的知识分子,为新中国建设服务。黄炎培和中国民主建国会对这一使命的积极回应和实施,奠定了其在新中国建设事业中的政治地位及其发挥现实作用的基础。

《新建设》的创办及发展,与中国共产党对黄炎培和中国民主建国会的这一革命分工密切相关。周恩来曾直接对黄炎培提出过要"吸收一些私营和公营企业的厂长、经理参加民主建国会"的建议。② 而王艮仲本人就是中国建设服务社的负责人,他以中国建设服务社的名义在上海创办了农场、浦东地方建设公司、浦东公交公司、出版社等实业机构,是当时民营实业家的代表,在上海有一定的影响力。同时,在《新建设》之前,王艮仲的中国建设服务社至少创办发行过五种刊物,特别是 1948 年创刊的《中建》(北平版)在北平地区颇有影响力,以这些刊物为中心广泛联系了一批当时国内知名的知识分子和文化界人士,如费青、费孝通、张志让、陶大镛、闻家驷、向达、吴晗、袁翰青、何思敬、钱伟长、钱端升、樊弘、郑昕等。《新建设》创刊时实际主持社务的张志让,同样也是当时与工商界有着密切联系的知识分子代表,并以这样的身份在新中国成立前后积极发挥作用。据史良等人讲述,抗战胜利后,张志让回到复旦大学任教,"他联合马寅初、潘震亚、翦伯赞、蔡尚思、沈体兰等八十多位进步的大学教授定期集会,座谈当前时事问题,后取名为'上海各大学民主教授联谊会'(简称'大教联')",公开反对国民党政府的反动政策,"1947 年秋,上海一部分

---

① 中共中央文献研究室编:《毛泽东书信选集》,中央文献出版社 2003 年版,第 307、309 页。

② 中共中央文献研究室编:《周恩来年谱(1898~1949)》修订本,中央文献出版社 1998 年版,第 849 页。

进步的工商业者如陈叔通、盛丕华、包达三、张炯伯等与'大教联'取得联系,经常采取聚餐、茶会等方式,讨论时局以及反抗蒋政权的种种问题,张老在知识界与工商界联合的统一战线工作中起过重要的作用"①。因此,无论是作为私营工商业者的代表,还是与之相联系的知识分子代表,都与中国民主建国会当时即将承担的革命分工高度契合。

而且黄炎培与王艮仲在上海期间就有着紧密的联系,他能够在国民党特务监视之下离开上海也是得到了王艮仲的大力协助②。1949 年 5 月,王艮仲到达北京,在黄炎培的住所遇见周恩来,之后接受周恩来的建议,加入了中国民主建国会③,并且将已停刊的《中建》(北平版)改为《新建设》重新出版发行。8 月,北平市人民政府正式批准《新建设》创办,批准证号为"新 50"④。因此,党对《新建设》的现实期待是在对中国民主建国会所提出的历史使命中形成的。

其次,《新建设》主持者对民主党派作用的认识,以及其广泛联系知识分子的特点,是党中央赋予其更高现实期待的重要条件。

据王艮仲 1951 年 3 月 16 日所说:

今天的民主党派不仅是整个民主统一战线的一个组成部分,而且他的本身也是一个民主统一战线的组织。它以团结和改造一个特定的阶级为主要任务,以一个特定的阶级为主要对象反映这个特定的阶级的意见,代表这个特定阶级在共同纲领之下的利益。它不是超越阶级的组织,而是各个阶级的联合组织,所以它不能强调一个特定的积极的阶级性。在一个民族资产阶级为主要对象的党派里,民

---

① 史良等:《我国著名的法学家张志让先生》,《人民日报》1981 年 4 月 28 日。

② 参见尚丁:《黄炎培》,人民出版社 1990 年版,第 175 页;黄方毅:《黄炎培与毛泽东周期率对话——忆父文集》,人民出版社 2012 年版,第 14、71、207、303 页;政协上海市浦东新区委员会编:《传奇老人王艮仲》,2012 年版,第 183 页;钟文:《开国总理》,人民出版社 2009 年版,第 372 页。

③ 政协上海市浦东新区委员会编:《传奇老人王艮仲》,2012 年版,第 7 页。

④ 中国出版科学研究院、中央档案馆编:《中华人民共和国出版史料》第 1 册,中国书籍出版社 1995 年版,第 209 页。

族资产阶级分子应该掌握共同纲领的指导原则,在自己的岗位上担负其对于新民主主义国家建设的责任,并在其本阶级发挥领导和团结的积极作用,经过一个相当长久时期的自我教育和自我改造,可以跟着无产阶级走向社会主义的大道。资产阶级的革命分子应该做民族资产阶级和无产阶级的桥梁,掌握无产阶级的革命方向,帮助民族资产阶级的分子进步,和发挥积极的作用,并在工作中改造自己,而使自己逐渐的转向无产阶级的立场……其实,一个民主党派的工作就是中共所领导的整个工作的一部分。一个党派的分子在民主党派里做好了,也就不亚于在共产党里做好了工作。民主党派的任务完成了,阶级消灭了,民主党派做好了,完成了任务的分子也就和共产党分不开来了,大家必定一道走进社会主义的世界。我在这样的认识之下,于 1950 年 2 月加入了民主建国会。①

可见,王艮仲对民主党派的前途及其本人加入民主建国会,有着明确而恰当的认识。这也是其创办的《新建设》能够得到各方支持,并沿着正确路线发展的重要条件。所以中国共产党是在团结和争取各阶层人士共同参与新政权建设的背景下来赋予《新建设》相应的职责的。

同时,基于《新建设》杂志与知识分子之间的密切联系以及这些知识分子的理论地位和现实影响力,中国共产党赋予了《新建设》比一般刊物更高的特殊的职责期待,那就是发挥其学术性优势,在民营实业家及其联系的知识分子中带头宣传阐释党的基本理论和方针政策,以团结引导他们服务于新中国建设事业。而面对这样的群体,对党的基本理论和方针政策的宣传,就不是一般意义上的介绍和报道,而应该注重理论阐释性功能,即将党的政治话语转化为学术话语,从理论上讲清、讲好党的思想和方针政策,以学服人、以理服人。

而且,中国共产党也非常重视报刊在学术理论建设方面的作用。毛泽东就曾批评过一些报刊不注重理论工作的问题,指出如果报刊不注重

---

① 政协上海市浦东新区委员会编:《传奇老人王艮仲》,2012 年版,第 231 页。

理论工作,就"只能算是第二流"的。毛泽东还直接批评过《人民日报》不注重思想理论工作,登学术理论文章太少,把理论阵地"送给""《新建设》"等刊物,要求"《人民日报》要搞理论工作,不能只搞政治"。① 后来《人民日报》逐步加强理论工作,重视发表理论文章,得到毛泽东称赞:"现在,《人民日报》有看头了,理论上加强了,也有一些有意思的东西"②。《新建设》杂志在党的政治宣传中所发挥的理论阐释功能,直接契合了中国共产党对报刊理论工作的重视。

从实际发挥作用来看,《新建设》杂志积极履行了中国共产党对它的这一现实期待,并且也得到毛泽东等中国共产党领导人的高度关注。据逄先知回忆,毛泽东阅读报刊是有所侧重的,《新建设》是他"经常看的杂志"之一。③ 据吉伟青回忆,"毛主席很关心《新建设》的文章,每一期都仔细阅读,从中了解学术理论界的'头面人物'和学术界广大人士的思想动向和学术理论观点"④。另外,从苏联翻译过来的哲学社会科学理论方面的文章,也大量地被放在《新建设》上刊登,1951 年,负责新闻总署工作的胡乔木在给中共中央的信中也曾写道:"对于现在从苏联报刊翻译论文的几种刊物,决定作一分工。学术性的译文⋯⋯属于社会科学的登《新建设》"⑤。《人民日报》也曾发文要求《新建设》"大量介绍苏联的各种科学理论及其成就"⑥。这些都说明了《新建设》杂志对学术理论工作的重视及其被认可,而且也说明了其切实承担起了党中央给予它的从理论上阐释和宣传党的基本理论和方针政策的现实期待。

---

① 中共中央文献研究室编:《毛泽东著作专题摘编》下,中央文献出版社 2003 年版,第 1528—1529 页。
② 中共中央文献研究室、新华通讯社编:《毛泽东新闻工作文选》,新华出版社 1983 年版,第 218 页。
③ 徐中远:《毛泽东晚年读书纪实》,中央文献出版社 2012 年版,第 48—50、55、399—400 页。
④ 吉伟青:《我所了解的〈新建设〉》,《百年潮》2003 年第 6 期。
⑤ 《胡乔木传》编写组编:《胡乔木书信集》修订本,人民出版社 2015 年版,第 48 页。
⑥ 吴明:《介绍〈新建设〉杂志》,《人民日报》1953 年 3 月 16 日。

小　　结

　　《新建设》从创办初期就明确了作为学术性月刊的定位。对《新建设》的学术定位的准确理解,是理解其在新中国成立初期所发挥的具体历史作用的前提。基于此,本章主要对《新建设》的学术性定位展开剖析。

　　首先,《新建设》杂志对自身的主要任务的设定,就是在阐释和宣传党的基本理论和方针政策的层面来进行的。新中国成立初期国内思想文化领域的核心任务是逐步确立马克思主义的指导思想,实现党的理论和方针的有效阐释与宣传,从而形成普遍的思想共识,凝聚起强大的精神力量。而这一明确的任务,恰恰是《新建设》对自我职责定位的具体语境,它的刊名和职责描述都直接体现了这一语境的要求。

　　与前身《中建》系列刊物相比,《新建设》的刊名中保留了"建设"二字,即刊物面向国家各方面建设事业的特点,在这一点上并无太大差别。但是在"建设"二字之前冠以"新"字,直接说明了《新建设》与其前身的不同,其中最重要的就是指导国家各方面建设事业的"新"的指导思想和理论主张,具体来说就是坚持马克思列宁主义和毛泽东思想与新民主主义国家建设的方针政策。所以,从这个任务出发,《新建设》发刊辞中为自己设定了两个"园地"的具体职责:作为学习马克思列宁主义和毛泽东思想的"园地"和根据这个思想来对新中国各方面的建设方针进行理论化阐释的"园地"。① 1950 年 10 月改版为学术性月刊,实际上是《新建设》对这一定位的进一步明确,如改版的发刊辞中明确提出了刊物的"普及和提高人民学术"的基本任务和"为新民主主义的文化建设而共同努力"的方向,并且指出学术工作者在这一任务中应该"好好地运用马列主

---

　　① 　费青:《发刊辞》,《新建设》第一卷第 1 期,1949 年 9 月 8 日。

义的立场和方法来具体地分析和研究中国现状和中国历史",并且把"对
于各种现实问题的剖析……上升到理论的高度"。① 1951 年 4 月,《新建
设》进一步提出了要提高"新中国的文化学术"水平,使"我们的学术研究
工作应该更好地为广大人民保卫和发展我们的国家的实践而服务"。②
这些都说明,《新建设》是站在新中国建设的指导思想和方针政策的层面
来规划自己的职责定位,并且强调学术工作者围绕建设实践而对这个基
本理论和基本方略所发挥的理论化阐释功能。这一定位,与"学术"一词
在中国古代文化语境中所代表的治理国家的基本理论和基本方略的含义
十分契合。因此,这也说明了对《新建设》杂志的"学术"定位,应该从其
立足学术研究工作、面向新中国建设事业,为党的基本理论和方针政策提
供理论化的阐释宣传的角度来理解。

其次,《新建设》杂志的上述定位及其实际作用的发挥,需要一个前
提性的条件,那就是刊物主持者在学术立场上对马克思主义和新民主主
义的认同。只有在思想上和认识上的真正认同,才能够有行动上的切实
遵循,也就是说认识上真懂、思想上真信,才能够在现实上真行。所以,本
章在剖析了《新建设》杂志的自我职责定位之后,接着追溯了从《中建》系
列刊物开始到《新建设》创刊,刊物主持者在办刊方针及其背后的思想立
场和实践路线的转变过程。而思想立场和实践路线的转变,则代表了杂
志学术立场的新方向。

根据中国建设服务社创办的这几份刊物来看,从 1945 年《中国建
设》创刊、1946 年《中建》创刊,再到 1948 年《中建》(北平版)的创刊和停
刊,以及到 1949 年 9 月《新建设》创刊的历史过程,恰好是抗战胜利到全
国解放战争时期。在这一历史过程中,伴随着从抗战胜利之初对时局满
怀期待,到一年后逐渐对国民党当局失去信心,再到后来走向中国共产党
领导的革命方向上的演变,刊物主持者在办刊方针上,逐步实现了由作为

---

① 《新建设月刊发刊辞》,《新建设》第三卷第 1 期,1950 年 10 月 1 日。
② 《学术工作者在爱国主义旗帜下的伟大任务》,《新建设》第四卷第 1 期,1951 年 4
月 1 日。

面向团体内部成员的进修刊物的"内向"性方针,到面向和配合人民革命的开放性方针的转变;在实践路线上实现了由团体的逐步改良,到拥护和支持中国共产党领导的人民革命的转变;在思想立场上,实现了由三民主义向马克思主义和新民主主义的转变。由此可见,到《新建设》创刊,刊物主持者所实现的转变包含了思想上、实践上和具体办刊方针上的,因此是比较全面的转变。作为学术性月刊,思想立场和实践路线的转变,实际上代表了其刊物学术立场的转变。因此,他们在学术立场上对党的基本理论和方针政策的真正认可和切实遵循,正是《新建设》杂志能够切实承担起其学术性职责定位的主体性、前提性因素。

最后,通过梳理发现,党中央对《新建设》杂志也给予了特殊的现实期望。这一期望与中国共产党对黄炎培和中国民主建国会的革命分工有着密切的联系。新中国成立前后,中国共产党对黄炎培和中国民主建国会提出了代表和团结民营实业者以及与之联系的知识分子、服务于新中国建设事业的革命分工。而《新建设》的发起者王艮仲正是当时国内民营实业者的代表,其在上海创立的中国建设服务社,本身就是一个实业组织;同时中国建设服务社围绕其所创办的一系列刊物[特别是《中建》(北平版)]而广泛联系了一批著名的知识分子。这些人都是新中国建设需要团结的重要力量,同时也与中国共产党对黄炎培和中国民主建国会提出的革命分工相契合。而且,王艮仲与黄炎培在革命时期就有密切联系,他于1949年到北京后,也是在黄炎培的住所见到周恩来,并接受周恩来的建议加入中国民主建国会、创刊《新建设》。

因此,在阐释和宣传党的基本理论和方针政策方面,党中央赋予了《新建设》比一般刊物更高的特殊的期待,即不是面向一般读者作简单的介绍和宣传,而是期望其发挥知识分子的学术性优势,用学术性的话语,在民族资产阶级和知识分子中带头宣传阐释党的基本理论和方针政策,以学服人、以理服人,以团结引导他们服务于新中国建设事业。

第二章　主要作者群和读者群分析

根据上一章中对杂志职责定位的剖析可知,《新建设》所要承担的具体职责在于依托其所联系的学术工作者,用学术性话语在一定群体中宣传好党的基本理论和方针政策。而要切实承担起这样的职责,必须有一定的学术性力量支撑,主要是作者群的学术理论水平及其对党的基本理论和方针政策的认可和践行。同时,要分析《新建设》围绕职责定位而发挥作用的情况,又必须首先弄清其读者群的实际分布。因此,本章主要考察和分析《新建设》的主要作者群和读者群特征,以进一步理解杂志的学术性定位内涵及其在新中国成立初期所发挥的具体作用。

第一节　主要作者群分析

据统计,1949 年创刊至 1956 年 12 月号,为《新建设》撰稿的作者约为 600 位,其中学术理论性文本的作者在 500 位以上。这些作者中,最具有代表性、最能够反映刊物定位和倾向的,除编委以外,还有刊物的稳定作者群。所以,为便于分析,以下对学术理论性文本作者的统计,主要涵盖这两类人员:一是《新建设》的非编委的稳定作者群[1],主要包括这个时

---

① 这里统计的时间范围是 1949 年 9 月创刊至 1956 年 12 月号。作者范围主要为学术理论类文本作者,不包含通讯作者、译者和"学术问答"中的答问作者。连载文本的作者只统计首期发表。

期内在杂志刊文 3 篇及以上的作者。二是《新建设》的编委群体,《新建设》创刊时的编委会共 15 名成员,包括:张志让、费青、费孝通、向达、吴晗、郑昕、樊弘、钱伟长、钱端升、严景耀等,其中负责人为费青;1950 年 9 月改版为学术性月刊后,编辑队伍增加了沈志远、狄超白、范文澜、金岳霖、胡绳、陶大镛、傅彬然、谢觉哉等人,这些编辑委员作为当时在京文化教育界的知识分子,几乎都曾为刊物直接撰稿。以上两类作者共计 94 位,虽然他们并不占作者数量的大多数,但是他们的文本却占据了这一时期内《新建设》杂志学术理论性文本的半数以上,因此,他们在很大程度上代表了刊物的基本观点和倾向,对他们的社会特征进行考察,也能够代表刊物作者整体群像中最具代表意义的特征。

表 2-1 《新建设》1949—1956 年间主要作者统计

姓名	刊文数量	刊文领域	本刊职务	工作单位或职务
费青	1	法学	主编	北京大学教授
张志让	5	法学	社长	复旦大学教授、最高人民法院副院长
陶大镛	12	经济学	主编	出版总署、北京师范大学教授
沈志远	14	经济学	常务编委	出版总署翻译局局长
吴晗	1	历史学	常务编委	北京市副市长
胡绳	1	马克思主义理论、历史学	常务编委	出版总署党组书记、人民出版社社长、中宣部秘书长等
傅彬然	1		常务编委	出版总署编审局处长
谢觉哉	2	法学	常务编委	中央人民政府内务部部长
郑昕	3	哲学	常务编委	北京大学教授
费孝通	13	社会学、人类学	编委	清华大学教授、中央民族学院教授、中国科学院哲学社会科学部委员
千家驹	14	经济学	编委	中国人民银行总行顾问、清华大学教授
樊弘	7	经济学	编委	北京大学教授
钱伟长	6	物理学	编委	清华大学教授

续表

姓名	刊文数量	刊文领域	本刊职务	工作单位或职务
孙晓邨	5	经济学	编委	
袁翰青	4	化学	编委	文化部科普局局长、商务印书馆总编辑、中国科学院学部委员
严景耀	4	社会学	编委	北京政法学院教授
范文澜	3	历史学	编委	中国科学院近代史研究所所长
雷洁琼	3	社会学	编委	中国新政治学会副秘书长、政务院文教委员会委员,北京政法学院副教务长
潘静远	3	社会学	编委	记者
钱端升	2	法学	编委	北京政法学院教授
金岳霖	2	哲学	编委	清华大学教授、北京大学教授、中国科学院哲学社会科学部委员
向达	1	历史学	编委	北京大学教授、中国科学院哲学社会科学部委员
闻家驷	1	文学	编委	北京大学教授
狄超白	1	经济学	编委	中央财经委员会统计处处长、北京大学教授、中国科学院哲学社会科学部委员
王学文	11	经济学		中央马列学院教授,中宣部
李达	10	哲学		政务院文化教育委员会委员和政治法律委员会委员,湖南大学校长、武汉大学校长,中国科学院哲学社会科学部委员
王亚南	10	经济学		厦门大学校长、中国科学院哲学社会科学部委员
蒋学模	10	经济学		复旦大学
常任侠	9	艺术		国务院华侨事务委员会委员,北京大学、北京师范大学、中国佛学院兼职教授等
陈元晖	9	教育心理学		东北大学教授
荣孟源	9	历史学		中国科学院近代史研究所工作
华岗	8	哲学		山东大学党委书记兼校长

续表

姓名	刊文数量	刊文领域	本刊职务	工作单位或职务
何思敬	8	哲学		北京大学教授、中国人民大学教授
郑伯彬	8	经济学		北京大学教授、人民银行金融研究所副所长
吴景超	8	社会学		清华大学教授、中国人民大学教授
冯友兰	8	哲学		清华大学教授、北京大学教授
高放	8	哲学		中国人民大学副教授
侯外庐	7	历史学		北京师范大学教授、中央人民政府政务院文化教育委员会委员、中国科学院历史研究所所长
贺麟	7	哲学		北京大学教授
宋云彬	6	教学改革		人民教育出版社编审部副总编辑、出版总署编审局处长
郭沫若	6	历史学		政务院副总理、文化教育委员会主任，中国科学院院长
梁纯夫	6	政治学		出版总署翻译局副处长兼北京大学教授
周谷城	6	历史学、哲学		复旦大学教授、上海市人民政府委员、上海市人大常委会副主任兼文教委员会主任等
黄药眠	6	文学		北京师范大学教授
赵靖	6	经济学		北京大学教授
马特	6	历史学		北京师范大学教授
王南	6	文学		中国人民大学
关梦觉	6	经济学		东北人民政府监察委员、吉林大学教授
葛力	6	哲学		中共中央党校教授
赵俪生	5	历史学		东北师范大学教授、山东大学教授
徐特立	5	教育学		中央人民政府委员会委员
黎锦熙	5	语言学		北京师范大学教授、中国文字改革委员会委员
艾思奇	5	哲学		中共中央高级党校哲学教研室
朱剑农	5	经济学		湖南大学

续表

姓名	刊文数量	刊文领域	本刊职务	工作单位或职务
许涤新	5	经济学		华东军区财经委员会副主任兼上海市工商局长、中财委等
章乃器	4	经济学		中央人民政府政务院政务委员、中央财政经济委员会委员
静远	4			（可能为潘静远，记者）
徐悲鸿	4	美术		中央美术学院院长、中华全国美术工作者协会主席
关水心	4			
孟宪章	4	经济学		湖北省人民政府委员
袁方	4	社会学		清华大学教授
翦伯赞	4	历史学		中国科学院哲学社会科学部委员
钟敬文	4	文学		北京师范大学教授
李泽厚	4	美学		中国科学院哲学社会科学学部
金克木	4	梵语学		北京大学教授
邓初民	4	社会学		山西大学校长
华恕	4			
陈恒力	4	农史学		农业部编译处
霍松林	4	文学		陕西师范大学
李长之	3	文学		北京师范大学教授
丁易	3	文学		北京师范大学教授
曾昭抡	3	化学		北京大学教授、教育部副部长
陈体强	3	法学		清华大学教授
老舍	3	文学		全国文联委员
陶孟和	3	社会学		中国科学院哲学社会科学学部
李浩培	3	法学		政务院法制委员会委员
张国辉	3	历史学		中国科学院哲学社会科学学部
马学良	3	东方语文学		北京大学、中央民族大学教授
刘桂五	3	历史学		中国科学院哲学社会科学学部
柯伯年	3	外语		外交部、中国人民外交学会

续表

姓名	刊文数量	刊文领域	本刊职务	工作单位或职务
杨荣国	3	哲学		湖南大学、中山大学
罗尔纲	3	历史学		中国科学院哲学社会科学学部
周伯棣	3	经济学		复旦大学等
陈翰笙	3	历史学等		《中国建设》杂志社、外交部、中国科学院
李何林	3	文学		南开大学教授
李琪	3	哲学		
陶伟	3	法学		
郑林曦	3	文字学		
叶笃庄	3	农学		华北农业科学研究所
张鱼	3	经济学		
丁守和	3	历史学		中央编译局
冯大麟	3	经济学		西北大学
江天骥	3	哲学		武汉大学、北京大学
冯和法	3	经济学		上海工商调查所等

注：表中信息主要参考了《二十世纪中国人物传记资料索引》、《人民日报》以及参考文献中所列
　　各相关人物的文集、传记等资料。其中，"工作单位或职务"一栏，列举了作者在新中国成立
　　初期的主要任职情况，单位和职务沿用当时的名称。

　　通过统计分析，《新建设》杂志在 1949 年至 1956 年间的主要作者群
呈现出以下三个特征：在社会阶层上，以文化教育界知识分子为主；在专
业领域上，以哲学社会科学领域为主；在职业领域上，很多作者兼跨学界
和政界，他们既是学术理论大家，也在政府机构担任实际职务。

　　首先，从社会阶层上来看，《新建设》杂志主要作者群以文化教育界
知识分子为主。

　　《新建设》的直接前身《中建》（北平版），是王昆仑与在京高校的知
识分子一起策划创办的，对此，王昆仑曾回忆："费青介绍我与北京、清
华、燕京三个大学进步教授交换意见，计议在北平创办一个刊物，以适应
当时民主运动的需要。商定刊物取名《中建》（北平版），以费青为主编，

— 60 —

我为发行人。参与其事者有：吴晗、闻家驷、袁翰青、郑昕、樊弘、雷洁琼、钱伟长、朱自清、张奚若等。"①因此，其主创人员和主要作者均以在京高校知识分子群体为主。而《新建设》就是在《中建》（北平版）的人事基础上所创办起来的，主编费青在《新建设》创刊时也指出，《中建》（北平版）被停刊后，"我们这批经常为《中建》写文章的朋友们，复各自忙于岗位工作，已有半年多没有提笔写作。在这段封笔期中，我们曾经……为了是否需要重新试办一个刊物，更费了不少的考虑。现在我们已经决定重新试办这本《新建设》。"②所以《新建设》创刊之初的早期作者，很多是从《中建》（北平版）延续下来的，甚至在《中建》（北平版）遭国民党当局迫害而被迫停刊时未及发表的文章，有的也在《新建设》创刊后得以见刊发表，如郑昕的《十字街头》。这说明了《新建设》主持者和早期作者群在人事方面的承续关系，也说明了《新建设》作者群主要以在京文化教育界知识分子为主的特征。

《新建设》自创刊以后，基于在新中国思想文化领域的影响力和党中央对它的现实期望，其编委和主要作者群均实现了明显的扩展和壮大。特别是大批党内的理论工作者和中国科学院的专家学者，或直接加入《新建设》杂志编委会，或成为杂志的主要撰稿力量，为杂志贡献了许多高质量的学术理论文本，进一步促进了杂志学术性职责作用的发挥。

如前所述，主要作者群的学术理论水平及其对党的基本理论和方针政策的认可和践行，对《新建设》杂志切实履行其学术性职责至关重要。这里所梳理的《新建设》杂志主要作者群以文化教育界知识分子为主的特征，为其发挥学术性刊物作用提供了最核心的编、著力量，也为其学术性文本的质量提供了专家资源的保障。而且特别值得注意的是，《新建设》的很多作者在当时文化教育界具有很高的学术地位和社会影响力，他们是新中国成立初期中国共产党积极争取来为建设新政权服务的重要

① 白晟编：《费青文集》下册，商务印书馆 2015 年版，第 760 页。
② 费青：《发刊辞》，《新建设》第一卷第 1 期，1949 年 9 月 8 日。

社会力量。

如 1949 年 4 月 18 日,"中国共产党北平市委会为了经常地系统地和本市各界民主人士交换有关北平建设中各项意见,以便迅速而有效的团结北平各界人民的力量,恢复、改造和发展生产与各项建设事业",邀请了工人、学生、商会、教授、中小学教职员、医界等各界人士 39 人座谈,其中,教授包括"樊弘、费青、袁翰青、闻家驷、李由义、蒋光远、吴晗、费孝通、钱伟长、李广田、翁子健、黄国璋、黎锦熙、冯法祀、杜任之"15 人①,这 15 人中,后来有 8 人作为《新建设》的编委,至少 12 人在《新建设》刊登理论文章。

1949 年 5 月 5 日,为团结和争取学术界积极为新中国建设事业服务,北平市召开了学术界座谈会,到会者有"梁希、范文澜、马叙伦、汤用彤、陆志韦、沈志远、严济慈、袁翰青、张志让、沈体兰、曾昭抡、周建人、胡先骕、潘菽、胡愈之、黎锦熙、杨振声、杨人楩、李宗恩、张子高、吴晗、夏康农、钱端升、费孝通、樊弘、费青、钱伟长、向达等学术界人士共二百余人"②,在这署名列举的 28 位与会学者中,后来有 11 人作为《新建设》的编委,至少 15 人为《新建设》撰稿。

1950 年,出版总署党组在给中央的报告中,将《新建设》列为七种较重要的私营杂志之一,且《新建设》是唯一一种在北京编辑和出版的。③以上这些都说明了《新建设》作者群在当时北京文化教育界所具有的代表性地位及中国共产党对他们的重视、团结和争取。

在新中国成立前,北京文化教育界人士已经组织起来为革命和建设

① 《北平市委邀请各界人士座谈　征求对建设北平意见》,《人民日报》1949 年 4 月 19 日。
② 《中国学术界举行盛会　周恩来同志讲话　鼓励参加新民主主义国家建设工作》,《人民日报》1949 年 5 月 6 日。
③ 另外六种分别为《时代》、《经济周报》、《展望》、《新中华》、《观察》、《进步青年》,其中《观察》只是在北京编辑,而在上海登记和出版发行;《进步青年》虽在北京登记,但从 1949 年 10 月起即由北京移至上海;其余四种均在上海登记、编辑和出版发行。参见中国出版科学研究院、中央档案馆编:《中华人民共和国出版史料》第 1 册,中国书籍出版社 1995 年版,第 621 页;第 2 册,1996 年版,第 43—44、845 页。

事业积极发声。他们相继举行过响应世界和平大会集会、声讨南京反动政府盗运文物宣言、抗议法政府限制各国代表入境座谈会、华北高等教育委员会集会、教职员联合会集会、新史学研究会筹备会、讨论美帝白皮书集会等,参与其中的不少社会科学工作者后来也成为《新建设》的编委或作者。这说明,新中国成立前,北京的文化教育界的知识分子在对时局的看法和行动上已经有了较为密切的沟通和配合,且《新建设》创刊以后,他们中的很多人成为杂志的编委或作者,从而使《新建设》成为他们服务于新中国建设的重要渠道。

由此,在党中央支持下创刊的《新建设》,实际上就具有了争取、团结在京文化教育界知识分子群体并引导他们服务于新中国建设的阵地性作用,同时也成为在京文化教育界人士积极发声和服务新中国建设的一个重要的思想和舆论平台。

其次,从专业领域上来看,《新建设》杂志主要作者群大多深耕于哲学社会科学领域,而且是该领域在新中国成立后学术发展的重要代表。

《新建设》的学术性定位,决定了其在阐释宣传党的基本理论和方针政策时,主要是运用学术性的话语、提供理论化的阐释和论证,而这一职责作用的发挥主要是在哲学社会科学领域内进行的。因为哲学社会科学发挥着认识世界和在这个认识指导下改造世界的功能,"哲学社会科学是人们认识世界、改造世界的重要工具,是推动历史发展和社会进步的重要力量","人类社会每一次重大跃进,人类文明每一次重大发展,都离不开哲学社会科学的知识变革和思想先导"的作用。[1] 毛泽东在革命时期就曾强调,必须"用社会科学来了解社会,改造社会,进行社会革命"[2]。胡绳也从哲学层面的客观实践与理论认识的关系层面来说明哲学社会科学的这种作用,指出社会科学的作用就在于从实践经验中总结出理论认识,反过来再用这个理论来指导实践。[3] 也就是说,哲学社会科学帮助我

---

[1]　习近平:《在哲学社会科学工作座谈会上的讲话》,人民出版社 2016 年版,第 2、3 页。

[2]　《毛泽东文集》第二卷,人民出版社 1993 年版,第 269 页。

[3]　《胡绳谈社会科学的重要作用》,《人民日报》1992 年 11 月 30 日。

们实现对这个世界的理性认识,并努力阐释和宣传这个理性认识或理论体系,以实现这个理性认识和理论体系的普及化,使之成为人民大众的思想信仰和行动指南,从而发挥其对社会实践的指导作用。所以,《新建设》从理论上阐释和宣传党的基本理论和方针政策的职能,就主要需要由哲学社会科学领域的工作者来承担。

从表 2-1 中《新建设》的 94 位主要作者的研究领域来看,基本上均为哲学社会科学领域,其中经济学领域 20 位,贡献 134 篇文章;哲学领域 14 人,贡献 75 篇文章;历史学领域 17 人,贡献 73 篇文章;语言文学领域 13 人,贡献 47 篇文章;社会学领域 7 位,贡献 39 篇文章;教育学领域 3 人,贡献 20 篇文章;法学领域 5 位,贡献 19 篇文章;文学艺术领域 3 人,贡献 17 篇文章。虽然另有物理、化学领域的 2 位作者,但是其发表的文章也多为教育领域或课程改革等方面,而非自然科学领域内的专业文章。此外,明显可见,《新建设》的主要作者群中,经济学领域的作者最多,且其贡献的文本也最多;其后是哲学和历史学领域。这其实在一定程度上也反映了《新建设》在阐释和宣传党的基本理论和方针政策方面所发挥的作用。

新中国成立前后,在京的哲学社会科学工作者也以实际行动参与到新中国建设事业之中。如 1949 年 7 月 4 日,全国各地的社会科学工作者 230 余人在北京集会,商讨如何成立相应团体和服务于新中国建设事宜。① 后来《新建设》创刊时的 15 名编委中,有 11 人参与了这次会议,而且在参加这次会议的社会科学工作者中,近 70 人后来成为《新建设》的作者。特别是从第三卷第 1 期改版开始,《新建设》逐渐与中国社会科学各研究会建立起密切的联系,并广泛地吸纳各研究会的专家学者进入杂志的编辑队伍,极大了扩充和壮大了杂志的学术力量②,中国科学院哲学社会科学学部的许多专家也成为《新建设》较为稳定的作者群,

---

① 《社会科学工作者代表会发起人今集会　团结全国社会科学工作者致力新民主主义建设工作》,《人民日报》1949 年 7 月 14 日。

② 《新建设月刊发刊辞》,《新建设》第三卷第 1 期,1950 年 10 月 1 日。

如郭沫若、范文澜、金岳霖、向达、王亚南、荣孟源、翦伯赞、陶孟和、刘桂五、张国辉、马学良等。这使得《新建设》在哲学社会科学领域具有了很强的影响力,同时也为其发挥理论阐释功能提供了更加强大的学术力量保障。

最后,从职业领域上来看,《新建设》杂志主要作者群兼跨学界政界的特点较突出。

一方面,《新建设》的主要作者大多是高校或其他科研院所的研究人员或教员。从表2-1中《新建设》94位主要作者的工作单位来看,至少有69位在清华大学、北京大学、中央党校、中国科学院等高校或科研院所工作,这69位作者贡献了近400篇文章,占主要作者群文章总数的80%以上。另一方面,《新建设》的主持者和许多作者不仅是学术理论大家,而且在政府机构担任相关实际职务,亲自参与新中国建设方针政策的制定和实施工作。如王艮仲在接受周恩来的建议加入中国民主建国会后,还担任了"政务院参事",并且任"中华职业教育社副总干事","几十年矢志不渝跟党走,为多党合作事业和我国职业教育事业发展做出了积极贡献";①《新建设》杂志社社长、著名法学家张志让在新中国成立后的"主要工作岗位是最高人民法院副院长",他"为新中国的法制建设做出过积极的贡献";②《新建设》常务编委沈志远后来任中央人民政府出版总署"翻译局局长",从事出版管理相关工作;③编委谢觉哉曾主持中央人民政府内务部的工作,在人民民主建政的过程中作出了重要的贡献;编委袁翰青曾担任文化部科普局局长、商务印书馆总编辑以及中华全国科学技术普及协会首届全国委员会委员、常委兼副秘书长等职务,为我国科学普及事业和科技情报工作作出了开创性贡献;④等等。

---

① 《王艮仲同志逝世》,《人民日报》2013年7月11日。
② 《我国著名的法学家张志让先生》,《人民日报》1981年4月28日。
③ 中国出版科学研究院、中央档案馆编:《中华人民共和国出版史料》第2册,中国书籍出版社1996年版,第24页。
④ 《袁翰青同志逝世》,《人民日报》1994年3月27日。

　　《新建设》的很多作者既是学术理论大家,也有政府机关任职经历;既是思想理论的研究阐释者,也是具体政策的执行者,这个特征使得他们的文章兼具很高的学术理论水平和直接的实践基础。而这恰恰又符合了在阐释宣传党的基本理论和方针政策方面的基本要求,那就是既要注重阐释宣传工作的理论化水平,着重讲清基本理论的内在逻辑和方针政策的理论基础,又必须具有明确的现实关怀和实践基础,面向实践领域的现实问题并服务于新中国建设事业。

　　此外,《新建设》作者团队在整体的政治倾向上,还经历了党外知识分子逐步接受中国共产党领导和党内理论家不断充实加入的双向统一。创办之初,《新建设》作者中很多为民主人士和无党派人士,如费青、张志让、陶大镛、费孝通、黄炎培、樊弘、钱伟长等,他们不仅支持和拥护中国共产党的领导,有的还加入了中国共产党,如"樊弘教授在新中国成立四个月后,就参加了中国共产党。他是中共北大党组织在学校公开后得到党中央批准的第一个入党的教授,并受到毛泽东主席和周恩来总理的接见,毛主席称赞他为'社会科学家'","他对马列主义、毛泽东思想坚信不移,对社会主义忠贞不二,表现了一个共产党员应有的优秀品质"。① 后来,随着《新建设》编辑队伍和作者群体的逐步壮大,陆续有中国共产党内的很多理论家在《新建设》刊文,如徐特立、李达、艾思奇、胡绳、谢觉哉、侯外庐、何思敬、何干之、廖盖隆等,而且他们也成为刊物的稳定的作者。这使得《新建设》杂志能够始终坚持正确的思想立场和政治方向来发挥作用。

　　以上这些特征,既是由《新建设》的学术性定位和职责所决定的,反过来又为杂志有效承担起学术性使命,提供了重要的专家资源保障。

---

　　① 《庆祝樊弘教授从事学术活动五十五周年》,《人民日报》1982 年 5 月 28 日;《经济学家樊弘遗体告别仪式在京举行》,《人民日报》1988 年 4 月 30 日。

第二节　读者群分析

读者群范围是刊物发挥现实作用的主要社会领域。根据上文对《新建设》的职责定位的剖析,它对于阐释和宣传党的基本理论和方针政策的作用方式,不是一般意义上的介绍和报道,而是注重理论化的阐释论述。在现实中,与这一具体职责最直接相关的机构或群体主要有三类:一是开展理论教育的主体,如党校等承担党员教育和干部培训的机关及其教职人员;二是制定和实施政策的主体,即党政机关的中高级干部;三是研究、阐释、传播党的思想和主张的理论工作者,如教师以及科研院所的研究人员等。这些干部和知识分子,分别代表了理论教育的实施者、方针政策的执行者、思想理论的传播者的角色,因此他们学习党的理论和方针政策的要求更高,即不是一般意义上的或表面化的了解,而是要深入地掌握基本理论的精髓和内在逻辑、懂得方针政策的理论基础和规律性要求。同时,结合刊物被赋予的在民族工商业者和知识分子中阐释宣传党的基本理论和方针政策的现实期待,《新建设》的实际发行范围实际上涵盖了理论教育工作者、党政机关干部、知识分子群体以及工商业者群体。这同样也是由其职责定位所决定的。而且从《新建设》实际发行的社会范围来看,基本上也与这些群体相吻合。

从刊物读者群的自我设定来看,《新建设》杂志主要是围绕其职责定位来进行的。创刊之初,杂志主编费青曾明确地指出,"像我们这样的许多知识分子……的确深深感到有加紧学习的必要。希望这本刊物就成为共同学习的园地,来相互鼓励和督促",同时《新建设》还是在马克思列宁主义和毛泽东思想指导下讨论和提出各领域建设具体方案的"园地"。①从这里不难看出,对于杂志的第一个"园地"作用,即作为共同学习的园

---

① 费青:《发刊辞》,《新建设》第一卷第 1 期,1949 年 9 月 8 日。

地,费青主要是针对"我们这样的许多知识分子"提的,而根据《新建设》创刊初期的主持者和作者群可以得知,这些"知识分子"具体指的就是以杂志所联系的在京高校知识分子为代表的群体。

对于杂志的第二个"园地"作用,即对"建设的方案或意见"作"讨论张本"的"园地"作用,则既是给知识分子提出的主要任务之一,也是主要面向国家建设方针政策的制定者和实施者提的。《新建设》杂志在思想上是以马克思列宁主义和毛泽东思想为指导,在政治上是旗帜鲜明地靠向中国共产党领导的新政权、服务于新民主主义国家建设的,因此在其读者群设定上必然有面向新政权的党政机关、以更好地发挥其为新中国建设建言献策的"园地"作用的一面。1949 年 9 月中国人民政治协商会议召开期间,《新建设》杂志创刊号由杂志工作人员直接送到会场分发给每个委员①。毛泽东、朱德等 130 多位全国政协委员为《新建设》杂志题词或提出寄语,题词和寄语内容以《政协代表对于〈新建设〉读者要说的最重要的一两句话》为名,连续刊登在《新建设》第一卷第 3 期、第 4 期上。这也有力地说明了《新建设》面向新政权的主要倾向和特征。基于此,党政机关干部自然也就成为《新建设》的主要发行对象。

由此可知,面向知识分子和党政机关干部的读者群设定,在《新建设》从创刊之时就已确定了。

1950 年 10 月改版后,《新建设》进一步肯定了其创办之初对《中建》(北平版)人事关系的延续性,指出期刊"团结了北京各大学的进步教授,联系了各地的进步人士"。同时,宣告了"《新建设》今后应以普及和提高人民学术为基本任务,为了达成这一任务,我们已与中国社会科学各研究会"建立密切联系,并指出"全国学术工作者实有加强联系和团结的必要"。这些密切联系的机构和人员,其实也是《新建设》读者群的重要组成部分。所以,这同样体现了《新建设》杂志的读者群主要面向知识分子或学术工作者的特征。而且,这时对读者群的理想期待扩展到了全国学

---

① 吉伟青:《我所了解的〈新建设〉》,《百年潮》2003 年第 6 期。

术工作者的范围,并且突出强调了与中国社会科学各研究会的联系。这里虽然没有明确提面向理论教育工作者的读者群设定或期待,但从大类上来说,理论教育机构和干部也包含了党政机构及其工作人员的范围之内。而且,《新建设》改版发刊辞中所提出的"普及和提高人民学术"的基本任务,以及"好好地运用马列主义的立场和方法来具体地分析和研究中国现状和中国历史",以及将"对于各种现实问题的剖析""上升到理论的高度"的具体任务,实际上也暗含了面向理论教育工作者的期待。①另外,由于《新建设》杂志被赋予了团结和引导民族工商业者及其与之联系的知识分子的现实期待,所以民族工商业者也是杂志设定的主要读者群之一。

《新建设》的实际发行对象能够直接体现其读者群定位,而且发行数量也能够体现其在读者中的受欢迎程度。

据北京市人民政府 1949 年底的统计,《新建设》杂志定位为"综合性刊物",发行数量为 4000 册(1949 年 11 月数据),主要发行对象为"知识分子",是当时唯一一种面向知识分子群体发行的私营综合性刊物。② 这直接佐证了其面向知识分子群体的特征。据出版总署在 1950 年关于全国出版情况给中共中央的报告中显示,《新建设》的发行状况相对比较乐观,当时全国期刊约有 400 种,"其中全国性销数超过一万份的,不到 30 种",其中就包括《新建设》(此时已改版为学术性月刊)。③ 另据 1950 年年初统计,《新建设》的发行范围不仅仅是在京津等北方地区,在上海的发行数量"也有四千余份",而且当时北京的刊物比上海的刊物"销路较广",原因是"北京编刊的杂志,内容多比上海结实"。④ 而且,《新建设》

---

① 《新建设月刊发刊辞》,《新建设》第三卷第 1 期,1950 年 10 月 1 日。

② 中国出版科学研究院、中央档案馆编:《中华人民共和国出版史料》第 1 册,中国书籍出版社 1995 年版,第 626 页。

③ 中国出版科学研究院、中央档案馆编:《中华人民共和国出版史料》第 2 册,中国书籍出版社 1996 年版,第 845 页。

④ 中国出版科学研究院、中央档案馆编:《中华人民共和国出版史料》第 2 册,中国书籍出版社 1996 年版,第 42 页。

发行所到之处,也很受知识分子的欢迎,如李达曾致信实际主持杂志编务工作的陶大镛,咨询"《新建设》每月发行多少份?""我在汉口向各书店去买,只买得一本,并且还是从别人手中抢购的"。① 这些都直接反映了《新建设》在读者面向上重视知识分子群体的特点,而且也反映了杂志发行之后受欢迎程度。

同时,据笔者所藏《新建设》杂志封面的藏书章来看,当时订购《新建设》的单位包含以下四类:一是党政机关,如天津市委、天津市人民政府、天津市人民政府公安局、天津市工业局、天津市纺织工业局、天津市国家银行工会、民革天津市委等;二是党员干部培训机关,如天津市政治训练班②等;三是学校和其他科研院所,如中央广播电视大学、北京市财经学校、东北人民大学、天津市人民、天津市立第二女子中学、天津市私立山西中学校、天津市第二十六中学、天津五一书报社、现代佛学社;四是工厂,如中国纺织股份有限公司天津第二厂等。另据对相关高校图书馆藏书的搜索发现,清华大学、北京大学、北京师范大学、中国人民大学、中央财经大学等在京高校图书馆,以及吉林大学、西安交通大学等京外高校图书馆均藏有《新建设》。这些藏书情况,一定程度上佐证了《新建设》杂志的读者群主要是理论教育工作者、党政机关干部、知识分子群体,同时涵盖了民族工商业者。

《人民日报》曾对《新建设》杂志的读者定位进行过明确的评价:"它的读者对象主要是一般理论教育干部、各地中上级机关干部、大学教授、中学教员、大学生等"③。这里对"读者对象"介绍得更为具体,即不是一般的党政机关工作人员,而是"理论教育干部、各地中上级机关干部";不是全体意义上的知识分子,而主要是"大学教授、中学教员、大学生"等中

---

① 李达:《致陶大镛》(1951 年 4 月 30 日),《新建设文献资料(楚图南、陶大镛)》,2019 年。

② 成立于 1949 年 2 月,是根据中共中央"培养干部、建设新天津"的指示精神而建立的一个干部教育机构。1953 年初,正式更名为"中共天津市委党校"。

③ 吴明:《介绍〈新建设〉杂志》,《人民日报》1953 年 3 月 16 日。

高级知识分子。这个评价与《新建设》的刊物定位和读者群设定基本吻合,说明了《新建设》对自身读者群设定是符合党中央对它的现实期待的。

应该说,对于《新建设》的学术性定位而言,立足知识分子群体的特征既是它的优势,也是它扩大社会影响、服务于新中国建设的重要条件。而重点面向理论教育工作者、党政机关干部、知识分子群体并涵盖了民族工商业者的具体定位,恰是杂志利用其作者群的学术力量和社会影响力,来阐释、宣传党的基本理论和方针政策,推进党的基本理论和方针政策深入人心,并运用这个理论和方针政策来指导实践的实际作用范围。

小　　结

主要作者群是刊物承担起职责使命的核心依托力量,读者群则反映了刊物发挥作用和产生影响的具体社会范围。本章主要考察在学术性定位下,《新建设》杂志的主要作者群和读者群特征。

围绕学术性的职责定位,《新建设》的主要作者群呈现出以下三个特征:一是在社会阶层上,以文化教育界知识分子为主,而且他们在当时文化教育界具有很高的学术地位和现实影响力,是中国共产党积极争取来为新中国建设服务的社会力量;二是在专业领域上,以哲学社会科学领域为主,他们是理论工作的重要群体,也是阐释和宣传党的基本理论和方针政策的主要群体;三是在职业领域上,很多作者兼跨学界和政界,他们既是学术理论大家,也在政府机构担任实际职务,因此他们所刊发的文章不仅具有很高的理论水平,而且具有明确的实践基础和现实针对性。这些特征为《新建设》杂志发挥学术性作用提供了重要的学术力量支撑。

从《新建设》对自身的读者群定位,以及杂志实际发行的对象来看,其读者群主要是立足学术理论队伍,重点面向理论教育工作者、党政机关干部、知识分子群体,并涵盖了部分工商业者。因为作为学术性刊物,

《新建设》对党的基本理论和方针政策的宣传，主要不是一般意义上的介绍，而是注重理论化的阐释和在实际中的运用，强调以学服人、以理服人。而上述这些读者群体作为理论教育的实施者、方针政策的执行者、基本理论的阐释传播者，他们对理论学习的要求更高，即不是表面化的了解，而是要深入地掌握理论的精髓和内在逻辑、懂得方针政策的理论基础和规律性要求。只有这样才能充分履行好他们所承担的实际职责。

第三章　主要学术文本分析

　　刊发文本的情况直接反映了办刊者的思想立场和刊物的职责定位，而且是刊物发挥现实影响的核心所在。为履行好所承担的职责使命，《新建设》对学术类板块进行了明确划分和精心设计，围绕学习、阐释、宣传党的基本理论和方针政策刊发了大量理论性文本。同时，《新建设》还积极加强与国内学术重镇和理论大家的联系，以扩充稿源、确保文本质量、增强其现实影响。因此，考察《新建设》学术性文本的板块设置、内涵特征以及为刊发这些文本所做的努力，是理解和把握杂志发挥学术性作用的主要方面。

第一节　学术性板块设置

　　无论是改版前作为综合性刊物，还是改版后明确定位为学术性月刊，《新建设》杂志的文本选题都紧扣了其对学术性、理论性的追求和服务于新中国建设事业的倾向，并且杂志也是围绕这一要求来划分具体板块。特别是在改版为学术性月刊后，其学术性板块设置更加明确而精准，从而为其发挥好学术性职责提供了更为明确和更有针对性的栏目平台。

　　《新建设》在1950年10月改版前，共出版发行了两卷24期。在前两卷中，虽然没有明确的板块标识，但其文本类型明显包含了两类，分别是理论性的文章和一般新闻报道性的文章。对此，《新建设》的征稿启事中有着明确的宣示:本刊"欢迎有份量,有系统,富有学术性,建设性的论著和报道"①。

　　总体来看,改版前的文本选题倾向,与它的学术定位和职责十分契合。首先,从数量上来看,"学术性,建设性的论著",即理论性的文章占据了刊物的绝大部分篇幅,每期有近 10 篇,而一般性"报道"的文章每期仅有 3 篇左右,且每篇的篇幅与理论性文章相比要少得多。单从文本选题方向的这一特点来看,《新建设》不同于《中建》,相似于《中建》(北平版)。② 可见,《新建设》从其早期刊发的文章开始,重理论阐述的特点就非常明显,而这一特点直接、清晰地表明了《新建设》在发挥作为学习马克思列宁主义、毛泽东思想的"园地"和阐释宣传新民主主义国家建设方针政策的"园地"的作用时,尤其重视理论化阐释的功能。同时,这也就使得改版前的这份"综合性"刊物带有了明显的学术性、理论性的特征。

　　其次,即使是关于一般报道性的文本,《新建设》也是有所选择的,那就是更加关注对"老区"的建设状况和经验的报道。对此,《新建设》也曾发出过征文的公告,说明"老区的通讯很少","渴盼老区从事经济和文化工作的朋友,给我们写通讯,向新区介绍老区建设经验"。③ 而之所以对"老区"建设经验报以特别的重视,是因为"老区"已经在中国共产党领导下,按照新民主主义的方针开展局部的建设工作并已经积累了一定的经验,而"老区"的这些经验对于全国建设事业而言,更具有借鉴意义。《新建设》对"老区"建设经验的特别重视,本质上反映了它对新民主主义的理论方针的认可和重视。所以这些一般报道性文本,客观上也就具有了在全国范围内宣传、贯彻和报道党的基本理论和方针政策的作用。

　　改版前的这一选题倾向,实际上是《新建设》发刊辞中所提出的两个

---

　　① 《征稿》,《新建设》第一卷第 2 期,1949 年 9 月 22 日。
　　② 《中建》作为中国建设服务社的进修刊物,以"进修"和"实践"为宗旨,侧重于对团体实践活动和经验的报道,其文本选择上有明显的内向性、通讯性特点;而《中建》(北平版)作为从在京高校知识分子群体中生长出来的刊物,其所刊文本多为面向现实的理论性文章,即对革命和建设问题进行理论化分析。
　　③ 《征求老解放区的通讯》,《新建设》第一卷第 8 期,1949 年 12 月 18 日。

"园地"作用的具体体现,即把刊物作为学习党的基本理论的"园地"和作为为新民主主义国家建设方案提供理论阐释的"园地"。不过就前两卷中对这两个"园地"作用的践行上来看,直接的理论学习文本还较少,仅有几篇关于如何在土改中学习、如何学习《共同纲领》的文章,这可能是因为当时集中的理论学习活动还未正式开展起来。显然,这也说明了另一个问题,那就是在前两卷中,《新建设》在发挥第二个"园地"作用上用功较多,而在发挥理论学习"园地"作用上还有待于加强。另外,前两卷共有 11 篇译文,其中含恩格斯、列宁的文献各 1 篇,译自苏联的其他文本6 篇。这说明了《新建设》对于马克思主义的经典著作和对于从苏联翻译过来的理论文章的关注,并且这一倾向在改版之后进一步加强了。

1950 年 10 月,《新建设》从第三卷第 1 期开始,由综合性双周刊改版为学术性月刊。此次改版目的在于"充实内容,更好地为人民学术的普及和提高服务"①。改版后,《新建设》在板块设置上做了如下调整:一是不再刊登各领域建设的一般报道文本,即使刊登,也是侧重于对具体政策和现实问题的理论性分析,而不是直接的经验介绍。这一点在《新建设》改版的征稿启事中也有明示:"对于现实问题的理论分析,本刊尤为注重"②。二是明确划分了不同的学术板块,加重了学术理论的分量。先后开辟了"专著"、"学术讨论"、"学术问答"、"座谈"、"译文"、"书评"、"学术文摘提要"、"新书介绍"、"学术简讯"(后改为"学术动态")等板块,另有学术性讲座提纲连载,1953 年起开始设立"教学与研究"板块。此外,《新建设》还经常采用"特辑"或专栏的形式,来集中刊登围绕国内中心工作或马克思列宁主义和毛泽东思想学习的专题性文本,以形成对同主题文本的集中效应。

实际上,《新建设》的这次改版并未改变它在文本选题方面重视学术理论和面向新中国建设的基本倾向,而主要是刊物对自身学术性定位的

---

① 《〈新建设〉改为学术性月刊》,《人民日报》1950 年 10 月 3 日。
② 《稿约》,《新建设》第三卷第 1 期,1950 年 10 月 1 日。

具体明确和对学术理论工作的进一步加强。因为《新建设》发刊辞中提到的两个"园地"作用,实际上分别代表了对党的基本理论和方针政策的普及学习和阐释运用的要求。《新建设》改版后明确学术性定位、划分明确且形式多样的学术类板块,其实是丰富了发挥这两个"园地"作用的具体方式,但《新建设》从一创刊就具有的重视理论性文章的倾向并未改变。而且,《新建设》在改版后,对之前发挥直接的理论学习"园地"内容较少的问题也加以改善,在"专著"板块下刊发了对马克思列宁主义、毛泽东思想的内容阐释性文本,在"译文"等板块刊发了马克思主义的大量经典原文,在"书评"、"学术简讯"、"学术文摘提要"等板块中刊发了国内外研究马克思主义经典著作的文章或内容提要。另外,还专门开设过"马克思、恩格斯、列宁、斯大林著作"、"马克思列宁主义基础参考资料"、"学习《毛泽东选集》"、"学习毛泽东思想"、"学习《联共(布)党史简明教程》"、"学习《苏联社会主义经济问题》"等学习专栏。

不过需要注意的是,所谓重视理论阐释并非是纯粹的思辨,理论的阐释离不开对现实的关怀。马克思曾深刻指出,"主要的困难不是答案,而是问题","问题是时代的格言,是表现时代自己内心状态的最实际的呼声"。① 习近平总书记指出,"理论思维的起点决定着理论创新的结果。理论创新只能从问题开始。从某种意义上说,理论创新的过程就是发现问题、筛选问题、研究问题、解决问题的过程。"②对现实问题特别是热点问题保有强烈的关注态度,也是对学术性刊物的基本要求。对此,《新建设》杂志有着明确的认知和自觉的把握,它在刊发理论文本时,也十分重视对现实问题的把握,约稿的主题基本上都紧扣当时党的中心工作或社会热点问题。如曾先后组织开设"抗美援朝特辑"、"纪念五四特辑"、"纪念中国共产党三十周年特辑"、"中国文字改革特辑"、"庆祝中华人民共和国两周年特辑"、"学习《毛泽东选集》特辑"等,约请国内知名学术大家

---

① 《马克思恩格斯全集》第 1 卷,人民出版社 1995 年版,第 203 页。
② 《习近平谈治国理政》第二卷,外文出版社 2017 年版,第 342 页。

撰稿,围绕这些方面进行理论性阐释,起到了很好的宣传教育的作用。

1953年3月16日,《人民日报》专文介绍《新建设》刊物的板块及其内容,指出《新建设》的文章内容包括很多领域,而"以社会科学为主",同时"每期约分论著、译文、马列主义基础参考资料、书评、国内报刊重要学术论文提要、国外报刊重要学术论文介绍、学术简讯、新书简介等栏。有时也对一些重要的学术问题展开批评和讨论",这些文章对阐释宣传马克思列宁主义、毛泽东思想和党的方针政策起到了重要作用。[①] 这说明《新建设》改版后的学术板块设置得到了一定的社会认可,而且从这个板块设置来看,《新建设》把握学术定位、承担学术理论职责的形式更加丰富多样了。

第二节　学术文本及其特点

作为学术性刊物,《新建设》围绕新中国成立初期宣传普及党的基本理论和方针政策的任务,刊登了大量的文本,这些文本是《新建设》在文化建设领域承担学术性使命的直接体现。不过,这些文本的主要作用不仅在于一般意义上的宣传,而且注重面向特定群体开展理论化的阐释。以阐释宣传党的基本理论为例,新中国成立初期,党在思想文化领域的核心任务是确立马克思主义的指导地位,推动党的指导思想转变为全社会的普遍思想信仰、理论武器和行动指南。为此,中国共产党不仅从正面开展了普遍的理论学习运动,而且也通过多种途径逐步肃清了封建主义和帝国主义思想影响,批判了资产阶级思想。围绕以上这些方面,《新建设》均刊发了大量理论性文本。

关于揭露帝国主义侵略本质、肃清帝国主义思想影响方面,《新建设》从第一卷第1期开始就刊载了许多文本。抗美援朝战争开始以后,

---

① 吴明:《介绍〈新建设〉杂志》,《人民日报》1953年3月16日。

批判帝国主义思想的理论文本直接与反对美帝国主义侵略结合了起来。
这方面的主要文本见表 3-1。

表 3-1 《新建设》关于批判帝国主义的主要文本

期号	出版时间	作者	文本
第一卷 第 1 期	1949.9.8	费孝通	《白皮书的剖析》
第一卷 第 2 期	1949.9.22	陶大镛	《英美经济矛盾与资本主义总危机》
		李有义	《揭穿帝国主义侵略西藏的阴谋》
第一卷 第 8 期	1949.12.18	克莱罗夫作 裴凌译	《美帝统治了四年的日本》
第二卷 第 1—3 期	1950.2.26 1950.3.12 1950.3.26	侯闻初译	《美国生活标准》(连载)
第二卷 第 3 期	1950.3.26	孟宪章	《给美帝庇护日本战犯算笔总账》
		汪树青	《可怕的美国"纸幕"》
第二卷 第 4 期	1950.4.9	巴鲁译	《危机笼罩着的资本主义世界》
第二卷 第 11 期	1950.7.16	陈体强	《美帝破坏联合国阴谋的进一步实施》
第二卷 第 12 期	1950.7.30	李浩培	《论美帝干涉中国及朝鲜的非法》
第三卷 第 2 期	1950.11.1	查斯拉夫斯 基著 茹普译	《美帝国主义对华政策的崩溃》
第三卷 第 3 期	1950.12.1		《粉碎美帝侵略,争取持久和平》(社论)
		张志让	《美国政体的特性与现政府的军事冒险性》
		沈志远	《论腐朽的垂死的美帝国主义》
		梁纯夫	《美帝的世界扩张政策与联合国》
		范承祥	《美帝发动侵朝战争后的西欧局势》
		陈伯达等	《帝国主义与侵略战争(座谈记录)》
第三卷 第 3 期	1950.12.1	季陶达	《资本主义经济周期性危机的原因》

续表

期号	出版时间	作者	文本
第三卷 第 5 期	1951.2.1	李光霖	《评刘大年著美国侵华史》
		邵循正	《美国对华侵略的作风和路线》
第三卷 第 6 期	1951.3.1	陈翰笙	《从经济看美国政治》
第五卷 第 3 期	1951.12.1	雷洁琼	《英、美资产阶级思想对于旧高等教育的影响》
		关梦觉	《现代垄断资本主义的战争利润论》(连载至 1952 年 1 月号)
1952 年 1 月号	1952.1	刘大年	《一八七四年美国与日本合作进攻台湾的经过》
1952 年 4 月号	1952.4	周鲠生	《美国侵略者进行细菌战并侵犯我国领空的法律责任》
		[苏]观察家著 洗文译	《资本主义世界经济》
1952 年 6 月号	1952.6	陈翰笙	《帝国主义的备战经济与当前的国际贸易》
1952 年 10 月号	1952.10	子江	《评〈美国侵华史〉》

关于肃清封建主义思想影响方面的文本,相较于批判资产阶级思想和开展马克思主义理论学习的文本而言,在数量上明显较少。这一方面可能是因为当时肃清封建主义思想影响的任务虽然重要,但是已不存在较多争议,所以无须多论;另一方面也是与杂志的自身定位有关,如前所述,《新建设》的主持者主要是民主人士及与其联系的知识分子,党中央对它的现实期望也是期待它能够在民主人士及与其联系的知识分子中阐释宣传好党的基本理论和方针政策、推动这些群体的转变。所以,关于肃清封建主义思想影响的文本,刊登的数量自然就要少得多。从刊登的这方面的文本情况来看,往往与某些现实运动或政策实施相结合,如围绕土地改革而开展的对封建土地剥削制度的批判、围绕《婚姻法》颁布实施所

展开的对妇女解放的提倡,还有对旧文艺形式中存在的封建道德观念的批判,并且批判的结果往往导向启发阶级觉悟和学习党的基本理论和方针政策上来。其中具有代表性的是有关在土地改革运动中加强理论学习和启发阶级觉悟的文本见表 3-2。

表 3-2 《新建设》关于在土地改革中学习的主要文本

期号	出版时间	作者	文章
第二卷 第 3 期	1950.3.26	冯友兰	《音乐在土改工作中的作用》
		全慰天	《土改中的学习》
第二卷 第 4 期	1950.4.9	陈体强	《从土改中学马列主义》
		汪瑄	《我在土改中的学习》
		袁方	《我们的土改工作组》
		史国衡	《土改动员前后》
		程厚之	《参加京郊土改工作的经验教训》

这些文章大多谈到了在现实的土改运动中所受到的思想教育,如参加京郊土改工作的全慰天曾说过,"参加土改工作后,才对土改有比较全面丰富的认识。土改原来是一个包括经济、政治、教育等各方面的群众革命运动",在"吐苦水"、"宣传教育"工作中,逐渐明白了"大众化的教育和文化""是真理"。① 同样参加京郊土改工作的冯友兰也曾说过在土改中启发群众思想觉悟的问题,"土改主要是靠农民自己去作。我们所参加的土改工作组,其主要任务是组织农民,启发并提高他们的阶级觉悟,向他们讲明土改政策",这为启发阶级觉悟,摆脱封建剥削观念埋下了思想上的种子。②

关于知识分子思想改造方面,《新建设》也刊载了大量文本。这些文本不仅涉及对思想改造本身的认识,而且在"学术讨论"、"学术问答"等

---

① 全慰天:《土改中的学习》,《新建设》第二卷第 3 期,1950 年 3 月 26 日。
② 冯友兰:《音乐在土改工作中的作用》,《新建设》第二卷第 3 期,1950 年 3 月 26 日。

栏目中刊登了不少谈论新旧思想关系的理论性文本。此外,1951 年秋思想改造运动正式开始后,《新建设》于 1952 年 1 月号起开设"思想改造动态"专栏,用以报道思想改造运动开展过程中的情况。其中,关于思想改造以及大学教育和课程改造的代表性文本主要见表 3-3。

表 3-3　《新建设》关于知识分子思想改造的主要文本

期号	出版时间	作者	文本
第一卷 第 1 期	1949.9.8	张志让	《探求新知批判利用旧学与大学教育前途》
第一卷 第 2 期	1949.9.22	郑昕	《十字街头》(连载至第一卷第 3 期)
第一卷 第 3 期	1949.10.6	雷洁琼	《论教育工作者的思想改造》
第一卷 第 4 期	1949.10.12	陶大镛	《文化革命与知识分子的责任》
		更生	《思想改造与"批判利用旧学"》
第一卷 第 9 期	1950.1.1	曾昭抡	《大学教育在改造中》
		朱智贤	《一年来中小学教育的发展》
第一卷 第 11 期	1950.1.29	赵俪生	《论批评与自我批评对当前学术界的必要》
第一卷 第 12 期	1950.2.12	董渭川	《从教育前途看师大改造》
		焦菊隐	《师大改制的思想教育意义》
第二卷 第 2 期	1950.3.12	费孝通	《社会学系怎样改造》
第二卷 第 6 期	1950.5.7	杨晖	《知识分子的悲剧与喜剧》
第二卷 第 7 期	1950.5.21	冯法禩	《土改工作思想总结报告提要》
第三卷 第 2 期	1950.11.1	冯友兰	《"新理学"底自我批判》
第四卷 第 6 期	1951.9.1	邓拓	《加强思想工作,展开思想斗争》
		周扬	《反人民、反历史的思想和反现实主义的艺术》

续表

期号	出版时间	作者	文本
1952 年 1 月号	1952.1	华岗	《思想改造问题问答》
1952 年 2 月号	1952.2	严景耀	《有系统地学习毛泽东思想来进一步改造思想》
1952 年 3 月号	1952.3	邓初民	《论知识分子的思想改造问题》
1952 年 4 月号	1952.4	陈垣	《思想改造在辅仁大学》
1952 年 6 月号、 7 月号	1952.6 1952.7	〔苏〕杜伯鲁斯金著 茹普译	《人民民主国家中的新知识分子》(连载)
1952 年 1 月号— 9 月号	1952.1—9		《思想改造动态》

关于马克思列宁主义、毛泽东思想的理论学习,直接契合了《新建设》的办刊宗旨和定位,而且在当时的思想文化领域,肃清封建主义和帝国主义思想影响、批判资产阶级思想,最终都是为了树立马克思主义的指导地位而服务的,即"破"是为了"立",核心是"立",所以关于正面学习党的基本理论的文本数量最多,其中不少文本曾引起强烈反响,对普遍的理论学习起到极大的推动作用。另外,除了直接的涉及理论内容本身的译著,以及对这些理论的阐释性、解说性、运用性的论著外,还有不少配合当时中心工作开展理论学习的文本,如结合土地改革工作进行理论学习的文本(详见表 3-2:《新建设》关于在土地改革中学习的主要文本),为配合总路线的实施、宪法的颁布实施、国家工业化建设等主题而进行的理论学习。其中,直接涉及理论内容学习方面的译著和论著,即关于马克思列宁主义和毛泽东思想的经典文献、译文以及阐释解说、学习心得等文本,主要如表 3-4 所示(此处统计时间范围不局限于全国集中开展理论学习的时段,而延伸至 1956 年底)。

表3-4 《新建设》关于学习马克思列宁主义、毛泽东思想的主要文本

期号	出版时间	作者	文本
第一卷 第1期	1949.9.8	费青	《发刊辞》
第一卷 第4期	1949.10.12	潘天觉	《马恩列斯毛论青年名言摘录》
第一卷 第5期	1949.11.3	黎方	《我想怎样来学习共同纲领》
第一卷 第7期	1949.12.4	恩格斯著 何思敬译	《法律家社会主义》①
第一卷 第8期	1949.12.18	徐特立	《科学化民族化大众化的文化教育》
第二卷 第5期	1950.4.23	徐特立	《关于学习及写社会发展史的几个重要问题》
		吴家麟辑	《马恩列斯论婚姻和家庭》
第二卷 第8期	1950.6.4	吴家麟辑	《马恩列斯论法院和检察机关》
第二卷 第9期	1950.7.16	樊弘	《马克思的社会总资本再生产与流通的学说》
		戴乾圜	《政治觉悟是推动我搞好学习的基本力量》
		王亚辉	《运用马列主义方法学习自然科学的几点体会》
第二卷 第10期	1950.7.2	张愈新,佟延龄,廖和叔,江小珂,陈毓熊	学习经验分享5篇

① 即《法学家的社会主义》。该文是恩格斯1886年10月为反驳资产阶级社会学家和法学家安·门格尔的著作《十足劳动收入权的历史探讨》而计划写的,原计划写完后由《新时代》杂志编辑部或考茨基的名义发表。后恩格斯因病而未能完成写作,便由考茨基按照恩格斯的指示写完,并发表在1887年的《新时代》杂志第2期上。《马克思恩格斯全集》中文一版收录了此文。参见《马克思恩格斯全集》第二十一卷,人民出版社1965年版,第719页。

续表

期号	出版时间	作者	文本
第三卷 第1期	1950.10.1	王学文	《学习政治经济学的目的与方法》
		樊弘	《马克思的周期恐慌学说》
		何干之	《新中国文化教育的基本方针》
		王亚南	《马列主义与新民主主义的社会经济形态》
第三卷 第2期	1950.11.1	陈伯达	《十月社会主义革命与中国革命》
		郭大力	《马克思的经济恐慌学说》
第三卷 第3期	1950.12.1	恩格斯著 曹葆华、于光远合译	《论生物学》（连载至第三卷第4期）
第三卷 第4期	1951.1.1	陈其人译	《〈家族、私有财产及国家的起源〉序》
第三卷 第5期	1951.2.1	毛泽东	《实践论》
		社论	《学习〈实践论〉，提高新中国的学术水平！》
		李达	《〈实践论〉——毛泽东思想的哲学基础》
		蒋学模	《关于〈马克思的周期恐慌学说〉》
		苏联科学院 哲学研究院 王子野译	《新编〈哲学史〉》（连载至第四卷第4期）
第三卷 第6期	1951.3.1	人民日报	《〈实践论〉开辟了我们学术革命的思想道路》
		李达	《〈实践论〉解说》（连载至第四卷第3期）
		王亚南	《〈实践论〉的认识》
		冯友兰	《〈实践论——马列主义底发展与中国哲学传统问题底解决》
		侯外庐	《〈实践论——中国思想史（知行关系）的科学总结》
		彭泽益	《关于马克思、恩格斯〈论中国〉》（连载至第四卷第1期）
		王学文	《由〈实践论〉说到经济工作》

续表

期号	出版时间	作者	文本
第四卷 第1期	1951.4.1	北大哲学系	《从西方哲学认识论的批判来学习〈实践论〉》
		郭大力	《〈实践论——政治经济学的道路》
		中国新哲学研究会	《学习毛主席的〈实践论〉》（连载至第四卷第2期）
		艾思奇	《毛泽东同志发展了真理论》
第四卷 第2期	1951.5.1	何思敬	《伟大历史工程底伟大哲理》
		王思华	《学习〈实践论〉，克服经验主义!》
		中国新法学研究会	《〈实践论〉与新法学》（连载至第四卷第3期）
		何其芳	《〈实践论〉与文艺创作》
第四卷 第3期	1951.6.1	沈志远	《〈实践论〉的意义及其基本观点》
		蒋学模	《恩格斯的〈国民经济学批判大纲〉》
		白拓方，达天，杨赞时，王玉祥，郑祖庆	学习心得5篇
第四卷 第4期	1951.7.1	李达	《怎样学习〈实践论〉》
		谢觉哉	《〈实践论〉与民政工作》
		华岗	《〈实践论〉的基本精神》
		恩格斯著 吴恩裕译	《共产主义原理》（连载至第四卷第5期）
第四卷 第5期	1951.8.1	王亚南	《中国共产党与马克思主义》
		潘梓年	《学习〈实践论〉与改进革命工作的方法》
		金岳霖	《了解〈实践论〉的条件》
		［苏］杨兴顺著　李何译	《辩证唯物论是中国共产党的理论武器》（连载至第四卷第6期）
		陈伯达	《毛泽东思想是马克思列宁主义与中国革命的结合》

续表

期号	出版时间	作者	文本
第四卷 第6期	1951.9.1	李达	《怎样学习党史》
		艾思奇	《〈实践论〉与关于哲学史的研究》
第五卷 第1期	1951.10.1	陈其瑗	《从变革实践中我对于〈实践论〉的认识》
		严景耀	《读〈中国社会各阶级的分析〉的一些体会》
		朱剑农	《〈湖南农民运动考察报告〉读后记》
		梁纯夫	《读〈论反对日本帝国主义的策略〉》
		马克思著 季羡林、曹葆华译	《不列颠在印度的统治》
		赫鲁斯多夫著 曹汀译	《马克思列宁主义关于战争和军队的理论》(连载至第五卷第2期)
		蒋学模	《介绍〈暴力在历史中的作用〉》
第五卷 第2期	1951.11.1	陶孟和	《庆祝〈毛泽东选集〉第一卷出版》
		沈志远	《创造的马列主义的典范》
		林砺儒	《读了〈湖南农民运动考察报告〉》
		刘桂五	《读〈井冈山的斗争〉》
		杨荣国	《读了〈星星之火,可以燎原〉之后》
		金克木	《〈关心群众生活,注意工作方法〉读后记》
		刘及辰	《马克思的〈资本论〉为什么从商品分析开始》
		王南	《学习斯大林著〈民族问题与列宁主义〉》
		马克思著 季羡林、曹葆华译	《不列颠在印度统治的未来结果》
第五卷 第3期	1951.12.1	荣孟源	《毛泽东思想与历史科学工作》
		陈元晖	《读〈中国的红色政权为什么能够存在?〉》
		贾岩	《读〈星星之火,可以燎原〉》

续表

期号	出版时间	作者	文本
第五卷 第 3 期	1951.12.1	朱剑农	《读〈怎样分析农村阶级〉》
		蒋学模	《读〈关于蒋介石声明的声明〉》
		梁纯夫	《读〈中国共产党在抗日时期的任务〉》
1952 年 1 月号	1952.1	蒋学模	《学习毛泽东思想中的国际主义精神，为加强抗美援朝而斗争》
		王达夫	《读〈必须注意经济工作〉》
		陶大镛	《读〈我们的经济政策〉》
		陈元晖	《读〈中国革命战争的战略问题〉》
		荣孟源	《读〈为争取千百万群众进入抗日民族统一战线而斗争〉》
		恩格斯著鲍 和、岷 英译	《〈英国工人阶级状况〉序言》
		林之樵	《恩格斯的〈论住宅问题〉》
1952 年 2 月号	1952.2	马特	《学习毛泽东思想方法》
		严景耀	《有系统地学习毛泽东思想来进一步改造思想》
		陈元晖	《"科学"也不妨去向实践学习学习》
		肖吾	《学习阶级分析方法》
		傅随贤	《读〈中国社会各阶级的分析〉》
		阿·帕尔卓夫著余学本译	《论〈资本论〉的结构》（连载至 1952 年 3 月号）
1952 年 3 月号	1952.3	高放	《学习〈毛泽东选集〉,必须学习斯大林论中国国革命的学说》
		[苏]列文著邵津译	《斯大林著作中的当代国际法问题》（连载至 1952 年 4 月号）
1952 年 5 月号	1952.5		《〈毛泽东选集〉第二卷内容介绍》
		千家驹	《读〈矛盾论〉——联系到对中国资产阶级的认识问题》
		荣孟源	《〈矛盾论〉对历史科学工作的指示》

续表

期号	出版时间	作者	文本
1952年5月号	1952.5	陈元晖	《〈矛盾论〉——毛泽东同志对唯物辩证法底实质所作的天才的概括》
		马克思著 仲南试译	《〈黑格尔法律哲学批判〉序言》①
1952年6月号	1952.6	艾思奇	《从〈矛盾论〉看辩证法的理解和运用》
		杨奎章	《〈矛盾论〉对中国资产阶级问题的启示》
		千家驹	《读〈共产党人〉"发刊辞"》
		关梦觉	《学习政策与掌握政策——读毛主席的〈论政策〉等四篇著作》
		王南	《学习〈统一战线中的独立自主问题〉》
		高放	《学习〈战争和战略问题〉》
1952年7月号	1952.7	李达	《〈矛盾论〉解说》(连载至1953年1月号)
		荣孟源	《读〈中国共产党在民族战争中的地位〉》
		朱剑农	《读〈斯大林是中国人民的朋友〉》
		长冬	《介绍〈历史唯物论〉》
1952年8月号	1952.8	华岗	《学习共同纲领,学习毛泽东思想》
		徐懋庸	《对于学习革命理论应有的认识》
		王亚南	《再论中国共产党与马克思主义》
		沈志远	《〈矛盾论〉与经济科学》
		金克木	《读〈五四运动〉》
		李达	《读〈大量吸收知识分子〉》
1952年9月号	1952.9	黄药眠	《〈矛盾论〉与文艺学》
		张明养	《读〈新民主主义的宪政〉》
		陈元晖	《读〈抗日游击战争的战略问题〉》

---

① 即《〈黑格尔法哲学批判〉导言》。参见《马克思恩格斯文集》第一卷,人民出版社2009年版。

续表

期号	出版时间	作者	文本
1952 年 10 月号	1952.10	王学文	《〈矛盾论〉与财政经济工作》
		马克思著 郭大力译	《政治经济学批判之导论》①（连载至 1952 年 11 月号）
1952 年 11 月号	1952.11	马特	《〈矛盾论〉与中国革命实践问题》
		王南	《读〈反对自由主义〉》
		梁纯夫	《读〈苏联利益和人民利益的一致〉》
1952 年 12 月号	1952.12		《斯大林关于社会主义经济问题的伟大论著给我们以新的思想武装》（《人民日报》社论）
		柯伯年，陶大镛，千家驹，张鱼	学习斯大林《苏联社会主义经济问题》文本 4 篇
		朱剑农	《读〈中国革命和中国共产党〉》
		恩格斯著 潘光旦译	《玛尔克》（连载至 1953 年 1 月号）
1953 年 1 月号	1953.1	沈志远，孙晓邨	学习斯大林《苏联社会主义经济问题》文本 2 篇
		王达夫	《读〈新民主主义的经济〉》
		斯大林作 宋书声译	《论电气化计划给列宁的信》
		杨履武	《介绍〈马克思列宁主义论宗教〉》
1953 年 2 月号	1953.2	王学文	学习斯大林《苏联社会主义经济问题》文本 1 篇
		杨奎章	《列宁、斯大林论国家工业化问题》
			《马克思、恩格斯、列宁、斯大林论爱情、婚姻和家庭》（连载至 1953 年 3 月号）
		马克思著 江左译	《论离婚法草案》
		列宁	《苏维埃政权与妇女的地位》

---

　　①　即《〈政治经济学批判〉导言》。参见《马克思恩格斯选集》第二卷，人民出版社
2012 年版，第 683 页。

续表

期号	出版时间	作者	文本
1953 年 3 月号	1953.3		《马克思年表》
			《马克思重要著作年表》
		王南,张鱼,蒋学模	学习斯大林《苏联社会主义经济问题》文本 3 篇
		恩格斯著 徐坚译	《论马克思的〈政治经济学批判〉》
		列宁著 金人译	《工人阶级与新马尔萨斯主义》
1953 年 4 月号	1953.4		《悼念斯大林,加紧学习斯大林的学说》（社论）
			《斯大林年表》
			《〈斯大林全集〉介绍》
		徐懋庸,杨坚石,宦乡,赵靖	学习斯大林《苏联社会主义经济问题》文本 4 篇
			《列宁、斯大林论反对官僚主义》
1953 年 5 月号	1953.5		《〈毛泽东选集〉第三卷内容介绍》
		马克思著 严中平、汪敬虞译	《论第二次鸦片战争》（连载至 1953 年 9 月号）
		斯大林	《五一万岁!》
		斯大林	《我们的目的》
		李琪,何思敬,高放	纪念马克思诞生一百三十五周年文本 3 篇
		张静庐编	《马克思、恩格斯重要著作中译文年表》
		章世鸿,龚士其	学习斯大林学说文本 2 篇
1953 年 6 月号	1953.6	高林	《理论学习与经济建设》
		王学文	《学习〈资本论〉》
		王南	《学习马克思列宁主义的百科全书》
		关梦觉	《掌握马克思主义的科学的领导方法》

续表

期号	出版时间	作者	文本
1953 年 6 月号	1953.6	梁纯夫	《读〈学习和时局〉的一些体会》
		斯大林	《党内危机和我们的任务》
			《马克思、恩格斯、列宁、斯大林论国民经济计划化》
			《斯大林著作中译文简目》(连载至 1953 年 7 月号)
		杨履武	《介绍〈苏联初期文化建设史略〉》
1953 年 7 月号	1953.7	王波鸣	《学习新民主主义的纲领性文件》
1953 年 7 月号	1953.7	萧焜□,丁守和	学习斯大林学说文本 2 篇
		马克思著 凌其翰译	《公社的性质》①
		列宁著 刘群译	《批评官僚主义分子的几封信》
			《马克思、恩格斯、列宁、斯大林论民主与选举制度》
1953 年 8 月号	1953.8	柯伯年	《恩格斯与农民问题》
		曹汀	《恩格斯对军事科学的伟大贡献》
		谷鹰编	《恩格斯重要著作年表》
		荣孟源	《学习斯大林的〈辩证唯物主义与历史唯物主义〉》
		恩格斯著 季羡林译	《英国工人阶级状况》
		苏联马恩列学院 王应瑄译	《〈家庭、私有财产和国家的起源〉序》
1953 年 9 月号	1953.9	列宁著 刘群译	《俄国社会民主工党第二次代表大会记事》

---

① 《法兰西内战》的一部分。参见《马克思恩格斯文集》第三卷,人民出版社 2009 年版,第 191 页。

续表

期号	出版时间	作者	文本
1953 年 10 月号	1953.10	王波鸣	《学习〈联共(布)党史〉中关于党的建设问题》
		高放	《学习〈联共(布)党史〉中关于国家工业化问题》
		马克思著 陈翰笙译	《东印度公司——它的历史与结局》①
			《列宁、斯大林论增产节约》
1953 年 11 月号	1953.11	王南	《学习〈斯大林全集〉第一卷》
		恩格斯著 汪敬虞译	《论美国工人运动》
		列宁著 曹葆华、张礼修译	《关于无产阶级对小资产阶级民主派的态度的报告》
1953 年 12 月号	1953.12	列宁著 曹葆华、张礼修译	《关于无产阶级对小资产阶级民主派的态度的报告的结束语》
1954 年 1 月号	1954.1	白寿彝	《学习马克思主义关于民族共同体的理论,改进我们的历史研究工作》
		张静庐编	《列宁著作中译文年表》
1954 年 2 月号	1954.2	关梦觉	《学习〈斯大林全集〉第二卷》
1954 年 3 月号	1954.3	沙英	《学习列宁斯大林关于对农业实行社会主义改造的理论》
1954 年 5 月号	1954.5	朱绍文	《学习马克思关于货币单位的基本理论》
1954 年 6 月号	1954.6	高放	《学习〈斯大林全集〉第九卷》
			《马克思、恩格斯、列宁、斯大林论宪法的阶级本质》
1954 年 7 月号	1954.7	恩格斯著 潘汉典译	《英吉利宪法》

---

① 即《东印度公司,它的历史与结果》。参见《马克思恩格斯全集》第十二卷,人民出版社 1998 年版,第 161 页。

续表

期号	出版时间	作者	文本
1955 年 3 月号	1955.3	恩格斯著 潘汉典译	《英格兰状况》
1955 年 6 月号	1955.6	吴忠观	《马克思主义的产生是政治经济学中伟大的革命》
1956 年 2 月号	1956.2	毛泽东	《"中国农村的社会主义高潮"序言》
		恩格斯著 谷鹰译	《资本论第一卷书评》
		千家驹	《为什么要学习政治经济学》
1956 年 6 月号	1956.6	吴恩裕、骆静兰译	《马克思和恩格斯从 1844 年到 1847 年的几封信》
1956 年 11 月号	1956.11	马克思著 陈汉章　译	《论死刑》①

　　关于批判胡适资产阶级唯心思想、高校课程改革和院系调整、文字改革、戏曲改革、"三反""五反"运动等方面,《新建设》也刊载了一些学习性文本。此外,关于阐释和宣传党的基本方针政策的文本,也是《新建设》发挥学术性作用的重要方面,如关于对新民主主义建设方针的阐释和宣传等,这些文章将在第五章重点剖析,故此处不予赘举。

　　这些文本都直接体现了《新建设》作为学术性刊物,对学习、阐释、宣传和运用党的基本理论和方针政策所做的实际工作。这些文章直接配合了全国性理论学习的需要,推动了马克思主义的普及和党的方针政策的贯彻实施。如在全国上下掀起学习毛泽东《实践论》、《矛盾论》热潮之际,《新建设》杂志从 1951 年 3 月号至 6 月号、1952 年 7 月号至 1953 年 1 月号,分别连载了李达的《〈实践论〉解说》、《〈矛盾论〉解说》,并且通过组稿、约稿等方式,刊发学习《实践论》、《矛盾论》的理论文章 40 多篇,其

---

　　① 　即《死刑。——科布顿先生的小册子。——英格兰银行的措施》。参见《马克思恩格斯全集》第十一卷,人民出版社 1995 年版,第 616 页。

中不乏冯友兰、艾思奇、金岳霖、侯外庐等名家之作,因而受到毛泽东密切关注,毛泽东在看到了李达在《新建设》发表的"两论"解说之后,曾致信李达,提出"应当出一单行本,以广流传"①。

综合以上文本来看,无论从文本的类型和数量,还是从文本的主题和内涵上来看,均适应了当时国内文化建设的具体要求:阐释、宣传、普及党的基本理论和方针政策并在此基础上凝聚起新中国建设的思想共识和精神力量。与此同时,与一般的宣传普及文本的风格和特点不同,《新建设》在发挥上述作用的同时,其文本内涵和风格上表现出了明显的学术性、理论性特点。

首先,重论据分析。重视论据分析是学术理论文章的基本特征,这一特征在上述文本中普遍存在。如在揭露和批判美国发布对华关系白皮书的相关理论文本上就有明显体现。1949 年 8 月 5 日美国发布对华关系白皮书。8 月 13 日,《人民日报》刊登新华社社论《无可奈何的供状　评美国关于中国问题的白皮书》《美帝发表关于中国问题白皮书　供认援匪政策可耻失败　阴谋继续破坏中国人民革命》等文②,8 月 14 日、18 日、28 日、30 日和 9 月 16 日,毛泽东连续为新华社撰写五篇社论:《丢掉幻想,准备战斗》、《别了,司徒雷登》、《为什么要讨论白皮书?》、《"友谊",还是侵略?》、《唯心历史观的破产》,旗帜鲜明地揭露美帝国主义的侵略本质,告诫国内"某些思想糊涂的知识分子"不要对美心存幻想③。在这期间,《新建设》创刊号即刊载了费孝通于 8 月 22 日撰写的《白皮书的剖析》,其中不仅反美帝国主义的态度鲜明,极力斥责美帝国主义的侵略行径,而且一些评论性用语也紧随《人民日报》和新华社的上述社论。

先来看《人民日报》的社论,其中直言美帝国主义虚伪的侵略本质,将美国对华关系白皮书斥为"供状":

> 应该得到的第一个和最基本的教训,就是美国帝国主义政府对

---

①　中共中央文献研究室编:《毛泽东书信选集》,中央文献出版社 2003 年版,第 375 页。

②　《人民日报》1949 年 8 月 13 日。

③　《毛泽东选集》第四卷,人民出版社 1991 年版,第 1486 页。

于中国民族利益和中国人民民主力量的根深蒂固的敌视……美国政府是坚决地一贯地抱着侵略中国的目的。

即令对于国民党的心是死了，美国政府对于继续干涉和侵略中国，继续破坏中国人民解放事业和建设事业的心，却是不会死的。

中国人民应该从美国白皮书得到的第二个教训，就是中国人民必须继续抵抗和防备敌人美国帝国主义的任何干涉和挑战，必须不堕入敌人美国帝国主义所设的任何陷阱。

从根本上说来，美国白皮书确是一部颠倒黑白的杰作，这种颠倒黑白如果加以再颠倒，人们是可以从中获得种种有益的教训的。①

毛泽东在给新华社写的社论中，将白皮书称为"一部破产的记录"和"中国人民的教育材料"，并且明确交代了写作的真正目的：

中国的许多自由主义分子……对问题的观察往往不正确……"准备斗争"的口号，是对于在中国和帝国主义国家的关系的问题上，特别是在中国和美国的关系的问题上，还抱有幻想的人们说的……中国是处在大革命中，全中国热气腾腾，有良好的条件去争取和团结一切对人民革命事业尚无深仇大恨，但有错误思想的人。先进的人们应当利用白皮书，向一切这样的人进行说服工作。

中国还有一部分知识分子和其他人等存有糊涂思想，对美国存有幻想，因此应当对他们进行说服、争取、教育和团结的工作，使他们站到人民方面来，不上帝国主义的当。

白皮书是一部反革命的书，它公开地表示美帝国主义对于中国的干涉……公开暴露代替了遮藏掩盖，这就是帝国主义脱出常轨的表现……将自己用过的许多法宝搬出来，名曰白皮书……这样一来，白皮书就变成了中国人民的教育材料。②

---

① 《无可奈何的供状　评美国关于中国问题的白皮书》，《人民日报》1949 年 8 月 13 日。

② 《毛泽东选集》第四卷，人民出版社 1991 年版，第 1487 — 1489、1496 — 1497、1500 — 1501 页。

再来看在《新建设》上的《白皮书的剖析》，其中不仅同样将白皮书斥为"供状"、"失败的记录"（毛泽东称之为"破产的记录"，二者意思一致），进一步揭露美帝国主义的侵略本质，直接配合了中国共产党批判美帝侵略的政策，而且开篇即点明了一般人们从中所受之教育，直接契合了毛泽东将白皮书视为"教育材料"的观点和主张：

> 在现代帝国主义侵略史上像艾奇逊"中美关系"白皮书一般露骨的供状是少见的。这个大骗局在每个人的脑中记忆还是很新的时候，局中人当场揭开，西洋镜拆穿，台前观众恍然觉悟，真是一个历史性的大教育。

> 策略变了，目的却是不变的，就是要使中国服膺于美国帝国主义。①

在基本立场和论调一致的前提下，所不同的是文风的差别。《人民日报》的社论在文风上更显示了坚定、铿锵、雄辩、直抒胸臆的特点，比如在只有四千余字的社论《无可奈何的供状　评美国关于中国问题的白皮书》中，作者用了十六个疑问句，并有三处有理有据、语势浑厚的反问排比句式，以此来斥责美帝国主义的欺骗嘴脸和侵略行径，显示中国人民对美帝国主义的愤慨和谴责。相比较而言，作为学术性刊物，《新建设》上的《白皮书的剖析》在与《人民日报》社论和毛泽东所撰写的社论保持相同立场的基础上，多了一些据理分析，如文中明确分析了艾奇逊作白皮书的真正目的：

> 为什么在这历史转折处艾奇逊要作一总结呢？作给谁看的呢？首先是做给他主子看的。主子是谁呢？桓尔街的老板们是也。美国政府原是老板们的走卒，雇着办事的。现在这件差使办坏了，不能不有个交代。全文口气，就是这样……美国人民在政治上固然受着资本主义里财阀的控制，直接不能左右他们的政府，但是还是有力量的，激烈斗争起来，老板们也要受不了的。所以艾奇逊还有一个任务

---

① 费孝通：《白皮书的剖析》，《新建设》第一卷第 1 期，1949 年 9 月 8 日。

是变一套戏法,编排一个骗局,来遮盖人民的耳目。

接着从文本和事实出发分析出艾奇逊的欺骗手法:

请看艾奇逊的手法吧。他最得意的把用好听,漂亮,堂皇的名词来指刚刚相反的事实。他要独占中国而说"门户开放";他要统治中国而说"中国独立",他要分裂中国而说"中国之统一与领土完整。"

同时从白皮书与太平洋局势的关联性和美国对华政策转变的角度指出白皮书的背后真意:

我们要看明白这白皮书,不能从字面上看……如果我们把白皮书的发表和太平洋联盟两事关联起来,就多少可以琢磨出美国今后对华政策的大体棱角来了。

白吉尔的召回太平洋空军的演习,美国参加防卫香港等等,都是蛛丝马迹,点出这个棱角。①

这样的分析有理有据、逻辑严密,具有很强的思想性和说服力。但这并不是说这种文风就优于《人民日报》那种铿锵、雄辩的社论。在现实中,两种不同风格的社论并无优劣之分,而是以不同的风格各自作用但又相辅相成,共同形成了思想教育和舆论引导的强大功能。

其次,重学理阐释。这一特点主要集中体现在对党和国家某方面方针政策的理论性阐释上,而且是在坚持马克思列宁主义和毛泽东思想的指导下,并且运用它们的立场、观点和方法来进行理论性阐释。比如傅彬然从思想与现实的关系的理论出发,来阐释《共同纲领》中的文化教育政策:

思想原是客观现实的反映,所以从基本上说,要肃清这些落后的、反动的思想,我们的文化教育就非配合着政治、经济的发展,和国民政治生活、经济生活的改变不可。

理论与实际一致的教育方法是符合于思想发展的规律的,也就是符合于唯物辩证法的。

---

① 费孝通:《白皮书的剖析》,《新建设》第一卷第 1 期,1949 年 9 月 8 日。

其中还指出如果不以正确的思想理论为依据,对《中国人民政治协商会议共同纲领》"就无从透彻了解,执行起来也不容易到家,甚至会发生偏差或错误。"①

再如陶大镛从文化与劳动和人民大众的关系的观点出发,来分析和论证党的建设方针,并且以此来阐释文化建设和知识分子的责任问题:

> 文化是人类劳动的结晶,也就是说,人类是用自己的劳动来创造文化的。所以,文化与劳动应该结合在一起。在原始共产社会里,劳动与文化是统一的……然而,人类进到了阶级社会以后,劳动与文化就对立起来了。统治阶级为了维持自己的特权地位,就独享与继承了一个国家的文化遗产,使广大人民与文化隔离……所以,文化革命的基本目标,就在消灭这一个社会的罪恶,使劳动与文化重新拥抱起来,把劳动人民创造出来的文化遗产,仍旧归还给他们自己。②

又如王学文在发表关于当时物价问题的几点意见时,首先阐述了商品价格及其影响因素的理论观点:

> 这里所说的物价,是指各种商品价格的综合,而价格则是商品价值的货币表现。物价一般受供求关系的影响……除供求关系外,如生产发展,商品供给增加,可以起平稳物价的作用……经济以外的因素,也影响供求关系的变化。如战争、政策、群众运动、文化发达与否、自然情况等,都能使供求关系发生变化。

接着用这些理论观点来分析物价与生产、交通、货币流通之间的关系,并从学理层面提出稳定物价中工农业品价格差额、地区间的价格差额等现实问题的解决策略。③

最后,重学术讨论。这里所说的学术讨论,并非是指党的基本理论或

① 傅彬然:《关于共同纲领中的文化教育政策》,《新建设》第一卷第4期,1949年10月20日。
② 陶大镛:《文化革命与知识分子的责任》,《新建设》第一卷第4期,1949年10月20日。
③ 王学文:《关于物价问题的几点意见》,《新建设》第一卷第5期,1949年11月3日。

已经明确的基本方针方面的,而是这些理论和方针在某些专业学科范围内具体表现和在实践中的具体运用的观点争鸣。其中围绕现实问题所开展的一些理论观点争论或讨论,对澄清错误认识、引导人民群众树立正确的观点,进而更好地阐释和宣传党的基本理论和方针政策具有积极的促进作用。比如关于当时社会对私营资本主义经济的不同意见,《新建设》积极约稿,依托北京大学经济系的学术力量给予了相关的回应和报道:

> 我们近来讨论新中国的经济结构和工商业政策时,对私营资本主义经济,发生很多不同的意见。有同学认为既是私营资本主义,则资本主义社会中的经济法则,在新民主中国的经济中,也完全可以适用。有同学则恰与此意见相反,认为私营资本主义经济既是在社会主义性质的国营经济领导下发展的,那么,在资本主义社会的经济法则,就完全失去其作用了。所以新中国的私营资本主义经济有其特殊的经济法则,完全和资本主义社会的经济法则不同。

> 在讨论工商业政策时,有同学提出这样的问题:国营经济和私营经济的性质是完全不同,互相矛盾的,两种经济如何能同时发展呢?故共同纲领中虽说鼓励和扶助私营经济事业的发展,但私营资本主义经济却无发展的现实性。这些问题据说在别的学校同学中也存在,因此把我们的看法发表出来,希望大家不吝指正。①

随后,对这些思想上认识存在的分歧,从学理层面进行了论证和澄清。

再如对于 20 世纪五六十年代国内学术界关于形式逻辑及其与辩证法关系的学术讨论,《新建设》杂志给予了长时间的密切关注,从 1955 年到 20 世纪 60 年代初,《新建设》杂志所刊载的关于这场讨论的相关文章达 40 篇左右,江天骥、周谷城、爰求实、逸之、贺麟、张世英、沈秉元、一兵、且大有、李世繁、李志才等学者先后就这一话题直接展开讨论,他们中不

---

① 北大经济系系会:《私营资本主义经济》,《新建设》第一卷第 12 期,1950 年 2 月 12 日。

少人多次在《新建设》上就这一问题刊文,周谷城更是发表过"九论"形式逻辑与辩证法,1957 年 3 月、4 月号刊载的江天骥《逻辑问题综述》,1959 年 3 月号上署名"群策"的文章《关于形式逻辑问题的讨论》,1960 年 4 月号刊载的任哲、严一《关于辩证逻辑的对象及其与形式逻辑关系的讨论》中,分别对这场讨论进行了综述。罗学兵在 1959 年 4 月号的《健康地进行逻辑讨论》一文中,还专门对这场讨论中的学风问题进行了评述。同时,这一学术争论也引起毛泽东关注和重视,他通过陈伯达找到一些逻辑学方面的著作展开研究,并邀集冯友兰、周谷城、郑昕、金岳霖、费孝通等著名学者就逻辑学问题进行过专题座谈。①

又如,对于郭沫若与范文澜、王毓荃、荣孟源等人关于中国古史分期问题的争论文本,《新建设》也进行了精心的编辑、设计并刊载。②

此外,从 1950 年 11 月 1 日第三卷第 2 期开始,《新建设》新设了"学术问答"板块,增开这一板块的目的在于"特约各科专家,为读者解决一些疑难",以回应知识分子对学术问题的关切。③ 从次月的第三卷第 3 期开始,《新建设》还新设了"学术讨论"板块,增开这个板块"是为了对各种重要的学术问题,展开自由讨论,和培养学术界的批评与自我批评的风气"。④ 从这两期开始,《新建设》杂志刊登了许多有关学术问题的问答和讨论的文本,这些文本涉及经济学、历史学、哲学、文艺等学术领域,且紧扣当时社会关注的热点问题,对《新建设》真正发挥其"普及与提高人民学术"的使命起到了积极作用。

《新建设》上类似例子还有很多,如对于学习《实践论》、《矛盾论》等

---

① 中共中央文献研究室编:《毛泽东年谱(1949—1976)》第三卷,中央文献出版社 2013 年版,第 111、133 页。

② 参见范文澜:《关于〈中国通史简编〉》(第四卷第 2 期,1951 年 5 月 1 日),郭沫若:《关于周代社会的商讨》(第四卷第 4 期,1951 年 7 月 1 日);王毓铨:《周代不是奴隶社会》、郭沫若:《关于奴隶与农奴的纠葛》(第四卷第 5 期,1951 年 8 月 1 日);荣孟源:《周代殉葬问题》、郭沫若:《墨家节葬不非殉》(第四卷第 6 期,1951 年 9 月 1 日)。

③ 《编后记》,《新建设》第三卷第 2 期,1950 年 11 月 1 日。

④ 《学术讨论》,《新建设》第三卷第 3 期,1950 年 12 月 1 日。

的文本,更加侧重于对"两论"的理论性和通俗性"解说";对于工商业政策、文教政策、社会变革等方面的文本,更加注重在马克思主义指导下对方针政策的理论性阐释;对于历史学、哲学、经济学、法学、文艺学等学科领域的问题,多侧重观点上的争鸣。限于篇幅,不再一一列举。而这种重论据分析、重学理阐释、重学术讨论的特点,恰恰是《新建设》杂志在学习、宣传、贯彻和运用党的基本理论和方针政策时,注重学术性、理论化阐释功能的鲜明体现。

第三节 学术文本的产生

一篇优质的文章,需要作者和杂志方的共同努力、精心合作,才能使其产生应有的社会效应。一方面,作者的学术理论水平和研究视野直接决定了文章的质量,优质的文章需要作者具有深厚的理论功底和保有对现实问题的敏感度,在此基础上对文章精心构思、千锤百炼;另一方面,杂志方也不仅仅是被动选择和接受的一方,围绕社会热点和理论焦点的精心选题、积极推动,并且与作者保持密切联系和沟通,也是文章最终问世并影响世人的关键性因素。作为学术性月刊,《新建设》更是如此。

为发挥好在宣传党的基本理论和方针政策方面的理论阐释性作用,《新建设》杂志不仅精心选题、积极约稿组稿,而且在原有编创团队的基础上,非常重视与当时国内学术重镇和学术理论大家建立密切联系,发挥他们的学术资源优势来撰稿并审核稿件。这不仅是《新建设》学术性文本产生的重要方式,也是保证其文本质量并促使其发挥现实作用的重要因素。

首先,多方扩充学术类稿源。从学术性、理论性文本的来源来看,除接受各界投稿、发挥自身编委的学术力量之外,《新建设》还特别注重加强与国内学术重镇和学术理论大家建立密切联系,围绕党的中心工作和理论热点问题积极策划和约稿,以扩充学术理论性稿源,确保文本质量。

同时,《新建设》还大量地刊登了马克思主义经典著作文本,以及翻译自苏联等其他社会主义国家的社会科学方面的译文等。

一方面,注重发挥自身编辑队伍的学术力量,直接为《新建设》撰稿。《新建设》的编辑队伍中不乏各领域的学术理论大家,而且一定程度上讲,它的创刊就直接得益于其主持者广泛联系知识分子群体的优势。在创刊后,《新建设》的编辑队伍很多也是它的比较稳定的作者。根据前文(表 2-1:《新建设》1949—1956 年间主要作者统计),从《新建设》创刊至1956 年间,其编委共直接撰写并刊发了 109 篇文本,占主要作者群文本总数的近 1/4。这说明《新建设》不仅发挥了学术性、理论性阵地的作用,而且其主创团队也是学术性创作的重要力量。

另一方面,注重围绕热点问题向国内学术重镇和学术理论大家约稿。《新建设》面向这些机构和人员的策划选题、约稿组稿,更能显示出其为履行刊物职责而作出的积极努力。创刊之后,《新建设》围绕新民主主义方针的阐释、知识分子思想改造、肃清封建主义和帝国主义思想影响、课程改革和院系调整、"三反""五反"、宪法的学习、过渡时期总路线的学习等党的中心工作和理论界的热点问题,积极约稿和登载相应的理论性文章。比如 1953 年全国开展批判《武训传》时,向当时的文史专家谢兴尧约稿,刊发了《武训生平的介绍和批判》①;在全国上下学习《实践论》、《矛盾论》的时候,《新建设》约请党内著名理论家李达撰写并发表了《〈实践论〉解说》和《〈矛盾论〉解说》,共计 7 期连载,艾思奇也于 1952年 6 月,"应《新建设》杂志社之约,写了《从〈矛盾论〉看辩证法的理解和运用》一文,发表在《新建设》第 6 期上"②;为纪念马克思、恩格斯、列宁、斯大林,从 1953 年 3 月号开始,陆续编辑整理了"马克思年表"、"马克思重要著作年表"、"斯大林年表"、"《斯大林全集》介绍"、"马恩著作译文年表"、"斯大林著作中译文简目"、"恩格斯重要著作年表"、"列宁著作

---

① 参见《新建设》,第四卷第 4 期,1951 年 7 月 1 日。
② 卢国英:《智慧之路——一代哲人艾思奇》,人民出版社 2006 年版,第 553 页。

中译本年表"等,为广大读者了解马克思主义经典著作及这些著作的中译本情况提供了一个概要。

在约稿组稿的过程中,《新建设》十分注重同清华大学、北京大学、中国人民大学以及各哲学社会科学学会等文教机构和科研机构的联系,并与这些单位的学术大家建立广泛深入的联系,积极刊登他们的学术成果。比如,冯友兰曾回忆,他们曾在北京大学"搞了一个中国哲学史近代思潮提纲,外校要,领导上怕有错误,不许往外拿。《新建设》杂志来要也不同意,后来《新建设》编者"花了很大精力和沟通工作才获得稿件,"结果发表在《新建设》①上反应很好,人民出版社还印了单行本,还传到日本,日本一大学还专门讨论这一提纲"②。再如"中国新经济学研究会暨新建设杂志社,于十二日下午二时,在中国社会科学各研究会办事处联合举办'帝国主义与侵略战争'座谈会,讨论提纲为:一、帝国主义与侵略战争的必然联系是怎样的? 二、二次大战后资本主义总危机有那些新的特点? 三、怎样认识现阶段美帝的扩张政策? 四、帝国主义的侵略战争为什么必然会失败? 到会者共有五十余人,由陈伯达主席,先后有郭大力、王学文、孙晓村、王达夫、樊弘、陶大镛、孟宪章、狄超白、沈志远、千家驹、谢觉哉等发言,最后由陈伯达总结,至六时许散会,全部纪录经整理后,将于新建设月刊三卷三期发表"③。改版为学术性月刊后,《新建设》还逐渐与中国科学院哲学社会科学学部和各学科的学会建立了广泛的联系,并且吸收这些领域的一些学术大家直接进入编委团队,从而极大地壮大了自己的

---

① 以《中国近代思想史讲授提纲(初稿)》为题名,分八期刊登在《新建设》1953 年 12 月号和 1954 年 1、3、4、6、7、9、10 月号上。该提纲共分六章节:第一章　序论,第二章　外国资本主义势力开始侵入后中国社会各阶级在思想战线上的反应,第三章　农民革命运动高涨时期太平天国的革命思想,第四章　半殖民地半封建的统治秩序形成时期资产阶级性的改良主义思想,第五章　资产阶级革命运动时期资产阶级和小资产阶级革命思想的发展及其对改良主义思想的斗争,第六章　五四运动时期资产阶级小资产阶级革命思想的分化和马克思主义在中国的传播。

② 冯友兰:《冯友兰论教育》,人民出版社 2010 年版,第 169—170 页。

③ 《新经济学研究会新建设杂志社联合座谈帝国主义与侵略战争》,《人民日报》1950 年 11 月 14 日。

学术性编创团队,为《新建设》源源不断地产出高质量学术理论文章提供了基本保障。

在刊登马克思主义经典著作和翻译自苏联的社会科学方面的译文方面,很大程度上是中国共产党基于《新建设》的定位而作出的有意安排。当时负责新闻总署工作的胡乔木曾经提到,"对于现在从苏联报刊翻译论文的几种刊物,决定作一分工。学术性的译文……属于社会科学的登《新建设》"①。

从 1949 年 12 月第一卷第 7 期开始,《新建设》就开始陆续翻译和刊登马克思、恩格斯、列宁、斯大林等人的经典文献;1950 年 10 月第三卷第 1 期改版后,还专设了"译文"和"学术简讯"板块(1953 年 11 月号开始,"学术简讯"改为"学术动态"板块),从 1951 年 10 月第五卷第 1 期起,还增加了"国外期刊重要学术论文介绍"栏目,其中译文和国外重要论文大多来自苏联。由此,《新建设》杂志不仅成为理论界等群体学习研究马克思主义经典著作的一个重要阵地,而且也为了解和掌握苏联等其他社会主义国家在社会科学方面研究前沿提供了一个窗口。

其次,积极沟通促成优质学术文本问世。《新建设》在与学术机构和学术理论大家联系的过程中,积极地沟通、协调和推动,最终促成了许多优质学术文本的问世。陶大镛在实际主编《新建设》时,就曾为稿件等事宜与学术界人士密切沟通。比如围绕 20 世纪五六十年代史学界关于古代史分期问题的争论,陶大镛曾向郭沫若约关于中国史代的文章,郭沫若于 1951 年 3 月 17 日回信说:

> 关于中国史代,我写过的东西已经不少。目前别无新材料和新意见,也没有充分的执笔时间,请原谅。②

1951 年 5 月 1 日的第四卷第 2 期上,刊登了范文澜的《关于〈中国通史简编〉》,该文为范文澜的一篇讲话记录,其中认为西周是中国封建社

---

① 《胡乔木传》编写组编:《胡乔木书信集》修订本,人民出版社 2015 年版,第 48 页。
② 郭沫若:《致陶大镛》(1951 年 3 月 17 日),《新建设文献资料(楚图南、陶大镛)》,2019 年。

会的开端：

> 从西周起到秦统一定为初期的封建社会……只说一点最简单的理由：根据地下发掘，商朝社会里阶级极显著的存在着，这是断定商朝绝非原始公社的有力证据。贵族死后要用大量财宝和大批人殉葬……至于周朝则截然不同。

《诗经》、《左传》、《礼记》关于殉葬的记载：

> 都是认为"非礼"而予以反对……以上所举西周材料，都是从从来无人怀疑的诗经里取来的，除非有充足证据证明那些材料出后人伪造，否则就应该承认西周初年已开始了封建社会。①

对此观点和论据，郭沫若展开讨论，认为"关于人殉的征引"值得讨论：

> 商代是有奴隶存在的，但只可作为奴隶制的初期，而不能作为最盛期或终期。

> 大抵人殉制，在春秋中叶以后便开始被人反对了……这些少数的例子存在，倒正足以证明人殉制在当时还有很大的束缚力量。

> 范先生的论断，我觉得不很妥当……范先生也很尊重诗经，认为"从来无人怀疑"。但其实诗经是很可以"怀疑"的。虽然不能说是"后人伪造"，但必然是经过后人修改润色，整齐划一过的东西。

> 诗经的引用，便必须经过严密的批判。②

对于郭沫若和范文澜的争论，《新建设》不仅没有回避，而且还居中沟通、多次协调，积极促成了这些文章的问世。当时负责主编工作的陶大镛曾将稿子送给胡绳审阅，并且坚持建议将这些稿子发表出来："郭老的稿子，我认为这期还是让它发表出来。文章写得有些'火气'，似可改一些字眼……如果你(指胡绳)觉得可以发表，是否仍可放在'学术讨论'栏内？因为郭老这篇东西，完全是'商讨'的，我这样做，他不致责怪，同时，

---

① 范文澜：《关于〈中国通史简编〉》，《新建设》第四卷第 2 期，1951 年 5 月 1 日。
② 郭沫若：《关于周代社会的商讨》，《新建设》第四卷第 4 期，1951 年 7 月 1 日。

这样对范老也说得过去"①,最后促成了这篇文章的发表。在请胡绳审阅稿子时,陶大镛应该也就此事与郭沫若、范文澜本人作了沟通,因为郭沫若在给陶大镛的信中表示:"拙稿多经过朋友们看看是应该的。胡绳作的删改,我完全同意"②;范文澜也表示"所谓'火气'处不改也无所谓","郭先生的文章我同意登载",不过他也提出了自己就文中观点的不同见解③。

差不多与此同时,《新建设》在积极沟通和推动下,还发表了郭沫若和王毓铨关于该问题争论性文本。郭沫若在给陶大镛的信中写道:"王先生的文章我读了。我写了一篇来回答他。"④"王毓铨君一文,我写了一篇回应,正抄写中。"⑤最终,在1951年8月1日的《新建设》第四卷第5期上,同期发表郭沫若的《关于奴隶与农奴的纠葛》和王毓铨的《周代不是奴隶社会》。这也反映了《新建设》在当时对于有学术观点争论的文章的处理态度。1951年9月1日,《新建设》第四卷第6期又同期发表了两篇观点截然相反的文章:荣孟源的《周代殉葬问题》和郭沫若的《墨家节葬不非殉》。

而且,上述同期发表的存在观点争论的文章,都是安排在同一期连排发表。这种文章布局,自然也是《新建设》多方沟通、用心安排的体现。虽然这仅是一个个案,但足以说明《新建设》在积极组稿、反映学术争论方面的用功,当然这也是《新建设》承担起学术性使命的用心和用功之处。

---

① 陶大镛:《致胡绳》(1951年6月20日),《新建设文献资料(楚图南、陶大镛)》,2019年。

② 郭沫若:《致陶大镛》(1951年6月23日),《新建设文献资料(楚图南、陶大镛)》,2019年。

③ 范文澜:《致陶大镛》(1951年6月19日,1951年6月20日),《新建设文献资料(楚图南、陶大镛)》,2019年。

④ 郭沫若:《致陶大镛》(1951年7月8日),《新建设文献资料(楚图南、陶大镛)》,2019年。

⑤ 郭沫若:《致陶大镛》(1951年7月9日),《新建设文献资料(楚图南、陶大镛)》,2019年。

　　陶大镛与其他许多学者的书信沟通,也能说明这一点:

　　在收到陶大镛多封约稿函后,郭沫若在回信中提到:“来札奉悉。嘱为《新建设》撰稿,因目前颇忙碌,难以应命,乞谅。”①“《新建设》已收到,焕然改观……我自己因为忙着别的事,实在没有功夫执笔,请原谅。”②“纪念马克思的文章,我估计我写不出来……请您原谅,我不能接受您的提□。”③

　　李达在给陶大镛的信中也多次提到:“承嘱写一些学习毛主席著作的文章,有暇我可以写一点”④。“我回湘后胃溃疡处发炎……日内拟入医院……承嘱为新建设写稿一事,恐要等待下月了。”⑤“承嘱写《读〈改造我们的学习〉》一文,我是可以写的。”⑥“承嘱写一篇有关学习‘苏联社会主义经济问题’的文章,我也有此心愿。我打算从哲学的角度来学来写”⑦。此外,在连载《〈实践论〉解说》和《〈矛盾论〉解说》期间,陶大镛曾多次致信函询和催稿,李达因工作繁忙也曾多次回函,说明因“校中正在进行思想改造,并将转入思想建设阶段,工作甚忙”,或因“湖南大学正在展开着三反运动与思想改造”,且“南方气候非常酷热”,再加上胃病复发等原因,导致原定的稿件延期,并保证会抽空撰稿,保证按计划交稿。⑧

---

　　① 郭沫若:《致陶大镛》(1951 年 9 月 1 日),《新建设文献资料(楚图南、陶大镛)》,2019 年。

　　② 郭沫若:《致陶大镛》(1951 年 10 月 9 日),《新建设文献资料(楚图南、陶大镛)》,2019 年。

　　③ 郭沫若:《致陶大镛》(1953 年 1 月 28 日),《新建设文献资料(楚图南、陶大镛)》,2019 年。

　　④ 李达:《致陶大镛》(1951 年 9 月 3 日),《新建设文献资料(楚图南、陶大镛)》,2019 年。

　　⑤ 李达:《致陶大镛》(1951 年 12 月 10 日),《新建设文献资料(楚图南、陶大镛)》,2019 年。

　　⑥ 李达:《致陶大镛》(1953 年 4 月 27 日),《新建设文献资料(楚图南、陶大镛)》,2019 年。

　　⑦ 李达:《致陶大镛》(1953 年 8 月 9 日),《新建设文献资料(楚图南、陶大镛)》,2019 年。

　　⑧ 参见李达:《致陶大镛》(1951 年 5 月 9 日、1951 年 5 月 14 日、1952 年 6 月 9 日、1952 年 7 月 12 日、1952 年 8 月 12 日、1952 年 10 月 16 日、1952 年 11 月 11 日、1952 年 11 月 14 日),《新建设文献资料(楚图南、陶大镛)》,2019 年。

因此,如果没有《新建设》方的积极催促和精心编排,后来引起强烈反响的《〈实践论〉解说》和《〈矛盾论〉解说》极有可能不会如期问世,也极有可能不会在《新建设》与读者首次见面。

许涤新在给陶大镛的回信中提到:"你上月来的一封信,拖到现在还未复,而你的第二封信又来了,实在对不起得很。"①

季羡林也曾向陶大镛说道:"恩格斯《英国工人阶级状况》在一九五一年已经译好,但只是初稿,里面有很多问题。从一九五一年到现在,工作愈来愈多,这篇译稿就放在一边。如果不是您这次督促我,恐怕这部译稿就只好长眠于故纸堆中了。"②

沈志远在信中提到:"《新建设》方面我已很久没有写文章,但每月收到一本《新建设》时,自己精神上总要紧张一下,仿佛收到了你一封催稿的信似的,心里感觉有些不安。"③

李何林在信中提到:"你要我再凑两篇出一本小册子,现奉上这两篇,看合用否?"④

……

以上这些,都从侧面反映了《新建设》在约稿组稿方面的用功之勤、用力之巨。这也是它重视理论工作、积极承担学术使命、促成优质学术文本问世的重要体现。

最后,充分利用专家资源审核稿件。上文所举,均是《新建设》杂志重视学术性、理论性文章并积极扩充稿源方面所作的功夫。而在收到稿件之后的审稿环节,《新建设》也十分注重借助其所联系的专家资源,加

---

① 许涤新:《致陶大镛》(1951年4月21日),《新建设文献资料(楚图南、陶大镛)》,2019年。

② 季羡林:《致陶大镛》(1953年7月8日),《新建设文献资料(楚图南、陶大镛)》,2019年。

③ 沈志远:《致陶大镛》(1953年8月2日),《新建设文献资料(楚图南、陶大镛)》,2019年。

④ 李何林:《致陶大镛》(1951年5月30日),《新建设文献资料(楚图南、陶大镛)》,2019年。

强对稿件的审阅。这反映了它对稿件质量和所反映的学术观点的慎重态度。

据易大经统计，"利用专家学者的资源来审稿、避免编辑的专业知识短板，也是《新建设》编辑工作的特点"，其中"郭沫若在 3 年里替《新建设》审读了 13 篇文章；千家驹两篇；周谷城 1 篇；周一良 1 篇；丁山 1 篇；蔡仪 1 篇；刘大年 1 篇；杨人楩 2 篇；尚钺 3 篇；谢兴尧两篇；季羡林 4 篇；马特 4 篇；艾思奇 1 篇；文怀沙 1 篇等"①。该统计依据的是陶大镛所藏的与《新建设》作者的往来书信，因此是可信的。不过，上述统计中有一点没有明确提到，那就是负责审稿的专家学除了知名学者外，还有在文化教育等领导机关任职的学术理论大家，如郭沫若等。此外在《新建设》的编委中也有不少在这些机构任职，如胡绳、沈志远、傅彬然均曾在出版总署任职，袁翰青曾在文化部任职，范文澜、费孝通、金岳霖、狄超白均曾在中国科学院哲学社会科学学部任职（详见表 2 - 1 :《新建设》1949 — 1956 年间主要作者统计）。这样来看，利用专家学者资源来审稿，就不仅仅是为了"避免编辑的专业知识短板"，当然这一点也很重要，但更重要的是送审的稿件很多是涉及思想领域或党的方针政策方面的内容，为保证稿件不出现重大理论问题，也非常有必要经过相关领导部门理论大家的审核。

如在讨论中国古史分期问题时，范文澜曾表示担心争论会"引起其他枝节"，所以"请您（指陶大镛）和胡绳同志考虑"②。次日，陶大镛在给胡绳的信中明确提到"来信收到了，一切当遵嘱办理"，同时关于是否发表及发在什么板块，请"再指示，以便遵行"③。再如，范文澜曾就自我批评的稿件给陶大镛写信，其中提到："这一篇是我在华北局的讲演稿……

① 易大经:《陶大镛旧藏〈新建设〉作者信札文献介绍》,《新建设文献资料（楚图南、陶大镛）》,2019 年。
② 范文澜:《致陶大镛》(1951 年 6 月 19 日),《新建设文献资料（楚图南、陶大镛）》,2019 年。
③ 陶大镛:《致胡绳》(1951 年 6 月 20 日),《新建设文献资料（楚图南、陶大镛）》,2019 年。

现在送给您看看,是否可能在新建设发表……此稿经华北局同志整理,是否请您问问华北局是否同意。我对此稿发表还是不发表,把握不定,希望您仔细考虑,和熟悉出版规矩的同志商量商量,替新建设也替我个人考虑发表是否合适。"①

这说明,《新建设》在对待稿件观点及其观点有可能引发的社会影响上,有着非常审慎的态度,而且在基本观点上坚决与党的基本理论和方针保持一致。关于这一层意思,范文澜在另一篇信中写得更清楚:"我那篇文章(即《金田起义一百周年纪念》)的观点,是不合历史实际的,自人民日报社论发表以后,对太平革命有了定论,我那篇文章的观点声明作废。"②注重党内理论大家的审稿意见、自觉与党的基本理论和方针保持一致,是《新建设》在思想倾向上的特点,也是其用学术性话语阐释和宣传好党的基本理论和方针政策的基本条件。

小　　结

刊物职责定位的最直接和最核心的体现,就是它所刊载的文本的思想倾向和内涵特征。对于《新建设》杂志而言,要具体理解它的学术定位内涵及其实际发挥作用情况,就必须深入到它所登载的学术性文本之中。因此,本章主要从整体上对《新建设》所登载的学术性文本进行概括性剖析,重点考察其学术性板块设置和选题倾向、学术性文本的内容特征及产生方式。

根据第一章对《新建设》学术定位的分析,它的主要职责在于阐释、宣传党的基本理论和方针政策,并且尤其注重理论化的阐释。根据这个

---

① 范文澜:《致陶大镛》(1951年5月30日),《新建设文献资料(楚图南、陶大镛)》,2019年。

② 范文澜:《致陶大镛》(1951年5月29日),《新建设文献资料(楚图南、陶大镛)》,2019年。

定位要求，《新建设》非常重视登载围绕思想学习或现实问题所进行的理论阐释性文本，而且这也是《新建设》杂志一以贯之的文本选题倾向。在1950年10月改版后，无论是对于理论学习"园地"作用的加强，还是对学术类板块的明确划分，实际上都是杂志对上述这一定位的具体明确和进一步贯彻，同时也标志着《新建设》在发挥作为理论学习"园地"和作为对方针政策进行理论化阐释"园地"的作用上，形式和内涵更加丰富了。

与一般的宣传介绍性和舆论引导性文本不同，《新建设》的理论性文本在内容特征和行文风格上，更加突出了重论据分析、重学理阐释、重学术讨论的特征。这是《新建设》发挥理论阐释作用的特殊之处。当然，学术理论文本的这些特征，与一般的宣传介绍和舆论引导性文本并非是相互对立和排斥的，而是相互支持、相辅相成，它们分别以自己的独特性作用共同形成了思想教育和舆论引导的强大功能。

在稿件来源方面，《新建设》在发挥自身编辑团队力量的基础上，非常重视与国内高校和科研院所建立联系，争取当时的学术理论大家为刊物撰写稿件，以此来扩充稿源、提升稿件质量。《新建设》作为杂志方，对选题的精心策划、积极推动和与作者的密切沟通，也直接促成了许多高质量理论文本的问世，产生了重要的社会影响。在稿件审核环节，《新建设》还充分借助其联系的专家优势，特别是在文化教育等领导机关任职的理论专家的力量来审核稿件，以确保文本的学术质量和正确政治方向。

以上这些特点，都说明了《新建设》已经以积极的姿态和丰富的形式承担起了历史赋予它的学术职责。《新建设》在这方面的作用也得到了中国共产党的认可。在创刊后的两年多时间里，《人民日报》至少9次专文推介《新建设》杂志及其刊载的文章①。1953年3月，《人民日报》还专

---

①　分别为：《新建设双周刊一卷四期今日已出版》，1949年10月20日；《〈新建设〉第十一期出版》，1950年7月18日；《新建设双周刊　二卷十二期出版》，1950年8月6日；《〈新建设〉改为学术性月刊》，1950年10月3日；《新经济学研究会新建设杂志社联合座谈帝国主义与侵略战争　座谈结果将在新建设发表》，1950年11月14日；《新建设月刊三卷三期出版》，1950年12月6日；《新建设月刊三卷四期元旦出版》，1950年12月31日；《〈新建设〉四卷一期出版》，1951年4月7日；《介绍〈新建设〉杂志》，1953年3月16日。

文介绍和肯定了《新建设》杂志在文化建设方面的作用:《新建设》杂志不仅在阐释和宣传马克思列宁主义、毛泽东思想方面发挥了重要的作用,而且在"过去两年多以来,在各种政治运动中《新建设》先后发表了一些有关的论文,帮助读者去从理论上进一步认识每一个伟大的政治运动的意义",同时提出了在"文化建设的高潮"中,"希望《新建设》继续不断地改进和充实它的内容,更好地配合客观形势的发展和需要"。① 可以明显看出,这里对《新建设》刊物历史作用的肯定,主要也是将其放在学习马克思列宁主义和毛泽东思想、放在对中心工作进行理论阐释和思想引导的角度来进行评价的。

---

① 吴明:《介绍〈新建设〉杂志》,《人民日报》1953 年 3 月 16 日。

第四章　对新民主主义建设方针的
阐释与宣传

　　根据前文分析,《新建设》杂志的重要职责在于用学术话语来阐释和宣传党的基本理论和方针政策,所以对新民主主义的经济、政治、文化建设方针的阐释和宣传,就成为《新建设》发挥学术性作用的集中体现。因此,本章主要考察《新建设》在这一方面的刊文情况及其主要特点和现实影响,以进一步论证《新建设》的职责定位及其在新中国建设中的具体作用。

第一节　阐释与宣传的主要内容

　　新民主主义建设方针集中体现为《中国人民政治协商会议共同纲领》(以下简称"《共同纲领》")中的具体规定。因此对《共同纲领》基本精神和主要内容,以及对在实施这些方针过程中的相关问题的理论阐释与宣传,就成为《新建设》杂志服务新民主主义国家建设的重要方式。

　　关于新民主主义经济建设方针的阐释与宣传。在《共同纲领》的60条具体规定中,经济一章就占了15条,足见新民主主义经济建设方针在整个建设方针中的重要性。同时,党中央给予《新建设》的职责期待,是希望它能够在民营工商业者及与之联系的知识分子中带头宣传好党的基本理论和方针政策,以团结和引导他们服务于新中国建设事业。所以,在

《新建设》杂志阐释和宣传新民主主义建设方针的文本中,关于经济建设方针(特别是私营工商业政策方面)的内容,所占篇幅最大。

首先,配合国家财政经济中心工作,阐释宣传党的方针政策。如配合《共同纲领》的宣传来阐述党的经济建设基本方针。参与全国财政经济工作的薛暮桥,曾就工商业政策在北京大学和清华大学讲演,两次讲演的内容都在《新建设》上进行了刊登。其中,《工商业政策》一文是他在清华大学的讲演,文中重点从经济学理论层面分析了《共同纲领》提出来的"公私兼顾,劳资两利,城乡互助,内外交流"的内涵所指,认为"公私兼顾""主要就是社会主义经济成分与资本主义经济成分的关系问题","劳资两利"主要回答了"无产阶级与资产阶级的关系问题","城乡互助"主要回答了"工业与农业配合的问题","内外交流"主要回答了"中国与外国的经济关系问题";①《新中国的经济结构》一文则是北京大学经济系根据薛暮桥所讲的"新民主主义经济政策"的内容整理而成,该文章逐一阐述了新中国成立初期国内主要经济成分及其在现实中的表现;②这对于人们从思想认识层面搞清楚经济发展方针的本质内涵提供了参考。此外,《论新民主主义的经济形式》一文,主要从生产者之间的关系、劳动组织、"生产结果"分配状况、生产手段等方面,详细论证了新民主主义五种经济成分的各自性质,并且从未来发展前途的角度阐述了各经济成分的相互关系,指出国营经济"居于领导地位","力量比较集中",是"有组织有计划"和"有领导的能力"的;小生产虽然多,但是"力量小,很分散,技术很低",所以不能"领导新民主主义经济向前发展";合作社经济是国营经济实现对小生产者的领导的"助手";"国家资本主义也起着国营经济的助手作用",它"在一定程度内按照国家的计划生产"。③

革命时期,受战争影响,各根据地的财政经济工作在中国共产党的领

① 薛暮桥:《工商业政策》,《新建设》第一卷第 12 期,1950 年 2 月 12 日。
② 北大经济系会:《新中国的经济结构》,《新建设》第一卷第 5 期,1949 年 11 月 3 日。
③ 王学文:《论新民主主义的经济形式》,《新建设》第四卷第 1 期,1951 年 4 月 1 日。

导下相对分散经营,在货币、物资等方面也未完全统一。新中国成立后,适应新形势要求统一全国的财政经济工作势在必行。为了配合中央政府组织好统一财政经济的工作,《新建设》积极刊登了相关文章。如陶大镛在《人民经济的新发展与新胜利》一文中,指出当时"最大的经济任务"有两个,一是"继续支援战争","早日解放全中国";二是"把战时的经济体制,转变为平时的经济体制,配合国计民生的实际需要,来发展生产和繁荣经济"。从这两大任务来看,财政经济工作"无可避免地将会遭遇到一些困难",而"统一国家财政经济工作,就是战胜这些困难的有力武器",新中国成立后,统一财政经济工作不仅"有了可能",而且也"绝对必要"。①

为配合新中国税收体制的建立,《新建设》杂志依据《共同纲领》关于税收的规定,通过讲述"税收"、"财政"与"政治经济"的关系,剖析了新中国税收的"特质"在于保障党的革命任务的推进,便利国家和人民;主要任务在于贯彻"发展生产,保障供应","节制资本"和"保护贸易"的政策。② 阐明了"人民租税"与"公营企业收入""是互为消长的",将来随着公营收入的提高,"人民租税"会逐渐减少,但是在新民主主义的"现阶段还是很重要的",并且介绍了"人民租税的体系"和几个重要的租税,阐述了"中央税"和"地方税"的划分及征收的相关问题,以促进人们正确认识新中国税收的性质和清楚了解税收体系。③

为配合中央政府发行折实公债,《新建设》杂志专门刊文,详细阐述了公债的"基本的特点"在于其"人民"性、"胜利"性、"折实"性;主要目的在于巩固新政权和支持新中国建设,是为了"支援人民解放战争、迅速统一全国、以利安定民生,走上恢复和发展经济的轨道";具体作用在于"平衡收支、稳定物价与促进生产"④,同时从本质上指出"人民胜利折实

---

① 陶大镛:《人民经济的新发展与新胜利》,《新建设》第二卷第 3 期,1950 年 3 月 26 日。
② 关水心:《新中国的税收》,《新建设》第二卷第 2 期,1950 年 3 月 12 日。
③ 周伯棣:《人民租税综论》,《新建设》第三卷第 5 期,1951 年 2 月 1 日。
④ 陶大镛:《发行公债与发展经济》,《新建设》第一卷第 8 期,1949 年 12 月 18 日。

公债,等于储蓄,等于资产,而不是税",它对国家和自己都有益,"一举两得",所以号召"中国金融业者对推销人民胜利折实公债应站在第一线"。①

为配合土地改革的推进,朱剑农从马克思主义的地租理论出发,着重分析了中国农村地租形式对于农村生产力的束缚,阐明了因土地问题所造成的剥削和压迫,不仅是"我们民族被侵略、被压迫、穷困及落后的根源",而且也是"我们国家民主化、独立、统一及富强的基本障碍",所以应该"废除地主阶级封建剥削的土地所有制、实行农民的土地所有制"。②

为节约资金、支援抗美援朝战争、提高劳动生产效率,1951 年 12 月 1日,中共中央作出进行增产节约和开展"三反"运动的决定,并且强调实施"这一方针不是消极"应对临时困难,而是从长远发展考虑,将之作为"国家经济建设的方针"和"整肃党纪,提高工作效率和转移社会风气的方针"。③ 对此,《新建设》杂志重点阐释了增产节约对实现国家工业化的必要性和长期性:第一,从历史上来看,"曾经有过建设工业化国家的资本主义方法",但它依靠的不是"节约"而是"极凶恶的抢劫";第二,从"封建地主"和"资本家"对节约的态度来看,他们也讲"节约",但他们在节约问题上具有虚伪性和剥削性;第三,从其他社会主义国家的经验来看,列宁和斯大林曾经指出,在苏联经济发展过程中面临着既"不可能得到外国的借款",也不"甘居资本主义强国的农业附属国地位"的问题,因此只能走"为了工业而自己节约的道路,社会主义积累的道路",我国的工业化建设也要走这样的路。因此,号召人们认识到"节约增产是一个长期的运动,不是朝鲜和平获得后就不必要了","节约是建设人民的工业化国家的方法","是和增产分不开的","劳动力的充分合理的使用,提

① 唐庆永:《推销人民胜利折实公债和中国金融业的责任》,《新建设》第二卷第 2期,1950 年 3 月 12 日。

② 朱剑农:《现阶段土地改革的理论分析》,《新建设》第三卷第 2 期,1950 年 11 月1 日。

③ 中共中央文献研究室编:《建国以来重要文献选编》第二册,中央文献出版社 1992年版,第 471、475 页。

高劳动生产率,是节约和增产的最重要的一点"。① 另外,还回应和批评了社会上出现的把贪污、浪费问题归因于"生活太苦"、"待遇都太低"、"家庭负担重"这些方面的错误认识,分析了出现这些问题的社会原因是旧社会"寄生性的生活方式在城市里""遗留着",并且还有"一部分资产阶级坏分子"的"腐蚀",所以反对这种现象要用"批评和自我批评"的武器,"抵抗资产阶级坏思想、坏习惯、坏作风的影响、包围和侵袭"。②

《新建设》还刊文阐述过工农联盟与城乡互助在经济发展中的作用:"农民对于城市中的工人,供给粮食,供给原料",工业为农民提供"日用必需品",但这还不是"工农联盟经济最重要的收获","最重要的收获,是在农民帮助工人发展重工业,创立国家工业化的基础,然后工人又转过来帮助农民来改良生产工具,奠定农业机械化的基础",也就是用农民的农产品向国外"换取机器"帮助重工业发展,等到重工业发展起来了再"供给农民以农业机器及拖拉机等等",以此来提高农业生产效率;③"城乡物资交流是恢复与发展生产的重要枢纽",为此就要采取"有计划的掌握价格政策","规定物价地区差额","便利交通运输","建立并发展供销合作社"等步骤。④ 以上这些文章都是《新建设》为积极配合和支持当时国内财政经济工作方面的重点任务而刊发的,它们对阐释党的政策主张、推动这些政策的落地实施起到了积极的宣传引导作用。

其次,通过阐释宣传来增进思想认同,团结和引导私营工商业者积极参与新中国建设。新中国成立后,吸收私营工商业者在新民主主义条件下参与国家经济建设,是巩固新生政权、积累国家经济基础的重要方面。可见,积极向私营工商业者阐释和宣传好党的经济方针和政策,引导他们走向新民主主义经济发展的正确轨道上来,就是《新建设》分内之事。比

---

① 朱榮:《节约是建设人民的工业化国家的方法》,《新建设》1952 年 1 月号。
② 朱榮:《坚决对贪污、浪费和官僚主义作斗争》,《新建设》,1952 年 2 月号,第 39—40 页。
③ 吴景超:《工农联盟与经济建设》,《新建设》第一卷第 10 期,1950 年 1 月 15 日。
④ 杜任之:《论城乡关系与城乡互动》,《新建设》第一卷第 10 期,1950 年 1 月 15 日。

如《新建设》杂志创刊号刊发了相关文章,来引导私营工商业者正确认识中国共产党的经济方针政策和他们在新民主主义经济中的历史作用。文章从理论上分析了"节制资本主义"的积极方面和消极方面,指出那种认为"在节制资本主义的方针之下"不可能取得发展的认识是错误的,阐明了"新民主主义节制资本主义的方针,在消极方面,是不准有害于民族利益的资本家存在",而"在积极方面是争取,保护与扶助对民族经济有利的资本家","民族资本家在人民民主政权之下是有可靠的保障的"。①

在团结引导私营工商业者的过程中,很关键的一点就是要处理好"公私关系"、"劳资关系"。而处理这个关系依据的基本准则,是《共同纲领》中提出的"公私兼顾"、"劳资两利"的方针。因此,《新建设》也刊发了一些围绕团结和引导私营工商业者正确认识和处理好"公私关系"、"劳资关系"的理论文章。如刊登了北京大学经济系的文章,着重分析了新中国经济经历"恢复期"、在"在恢复中加以改造"的历史必然性;②同时回应了社会上对私营资本主义经济的一些不同看法,分析了资本主义经济在新民主主义条件下的地位和发展的现实可能性,"资本主义经济只是五种经济成分之一,故其法则就不是主导的法则",而且其法则因"受其他各种经济法则的支配和影响"而有不同的表现,比如"劳资对立"虽然在新民主主义社会也存在,但"斗争的目的和方式却不同了","目的是为了劳资两利","方式必须遵照国家的法令和政策"。不过,即使在这种情况下,因为"国营经济发展的不完整性",所以私营资本主义经济仍然具有"发展的现实性"。③ 新民主主义社会中因为存在私人资本主义经济,所以也就存在劳资的问题,但是与资本主义社会里劳资矛盾的不可调

---

① 严景耀:《论民族资本家的前途》,《新建设》第一卷第 1 期,1949 年 9 月 8 日。

② 北大经济系会:《新中国的经济恢复期》,《新建设》第二卷第 9 期,1950 年 6 月 18 日。

③ 北大经济系会:《私营资本主义经济》,《新建设》第一卷第 12 期,1950 年 2 月 12 日。

和性不同,新民主主义社会条件下的"劳资关系"之间虽然有客观矛盾存在,但在根本利益上具有"高度的统一性";在处理"劳资关系"上"必须以两利为标准,以发展生产为目标",最终的前途是"通过新民主主义的大道,使中国社会和平转变为社会主义社会,从而要根本结束劳资对立的统一与矛盾斗争的关系"。①

为了给正确处理私营工商业中的劳资关系提供示范或参考,《新建设》还专门刊文介绍了天津私营企业劳资协商会议在处理劳资关系和采取民主管理方面的典型意义,指出在新民主主义社会,工人"阶级觉悟普遍提高,自动的建立了新的劳动态度",因此过去私营企业主那种靠"监视"、"压迫"、"饥饿的威胁"的方式来管理工厂的方式不适应了,应该采取"民主化"管理方式,因为这种方式"最能增进工人主人翁的感觉与集中群众智慧,启发工人生产的积极性与自动性";②同时,还阐述了公有企业中的"集体合同"在处理企业和劳动者关系中的作用,指出"在国营公营企业中行政部门和代表全体职工的工会订立集体合同",目的是"为了保证完成和超过国家的生产计划,以及保证职工的必要的可能的物质文化生活条件","必须贯彻着'发展生产,公私兼顾'的根本方针",并围绕这些目的和方针,列举了集体合同应该包含的内容。③

最后,澄清思想上的错误认识,以树立正确观点、坚定正确的政策方向。《新建设》刊登了章乃器 1950 年 7 月 15 日在北京"新知识座谈会"上关于工商业调整问题的演讲词,其中专门讲到私营工商业在调整中应该采取什么态度,如何做好自身的调整以适应新民主主义国家的需要。他指出"这一次调整,是把和人民不利、和新国家不利的经济结构,变成完全是人民的、革命的经济结构",从这个角度讲,"不但私营工商业要加

---

①　杜任之:《论劳资关系与劳资两利》,《新建设》第一卷第 8 期,1949 年 12 月 18 日。

②　张高峰:《天津私营企业劳资协商会议的示范》,《新建设》第一卷第 12 期,1950 年 2 月 12 日。

③　徐弦:《论国营公营企业的集体合同》,《新建设》第二卷第 3 期,1950 年 3 月 26 日;第二卷第 4 期,1950 年 4 月 9 日。

以调整,就是公营企业,也同样的要加以调整"。对于私营工商业而言,
"要完全相信,人民政府的一切做法,都是严格的依照共同纲领的","不
要对立","也不要自卑",同时"工商业者也应该自动的来整风","把过
去一切不好的作风,通通去掉"。① 这里对工商业调整的标准和依据说得
很清楚,而且指出了私营工商业者应有的正确态度。

对于 1950 年工商业调整中出现的一些困难,刘少奇在 1950 年 4 月
29 日举行的中国人民政治协商会议庆祝五一劳动节大会上指出,"在这
种进步的新局面出生的时候,不可避免地产生了一些痛苦和困难","这
些困难,是须要政府与各界人民共同协力来加以克服的"。② 对此,《新建
设》积极刊文予以理论上的分析:第一,指出"殖民地和半殖民地的经济"
包含着"封建主义的腐朽成分",也"输入了资本主义最不堪的腐朽成
分",是"双料的腐朽",并据此剖析了经济调整的必要性,指出国民党统
治时期的"通货膨胀"造成了"投机盛行的风气",这不仅是对"人民的财
富"的"极其残酷的剥削",而且"工、商、金融事业的机构也都腐朽起来"。
因此,在新民主主义条件下对"经济结构的改造是完全必要的","那些对
于国计民生有害的工、商、金融事业在本质上就是以私害公的,当然是没
有理由要求'公私兼顾'的",不过对工商业的调整是"消肿、去腐、生新"
的过程,"痛苦必然会及于全体","调整的意义就是对那些有利于国计民
生的事业,由国家给以适当的扶助,以减轻他们的痛苦"。③ 第二,从新民
主主义发展要求的角度,阐述了经济调整中出现困难的现实性及克服困
难的方针,指出"在客观上,从通货膨胀过渡到物价稳定,我们的工商业
必然的将会遭遇到一些困难",但是这个过程"是从半封建、半殖民地社
会过渡到新民主主义社会的正常现象。当然,在这个大转变的过程中,不

① 章乃器讲,本刊记者记录:《调整工商业的问题》,《新建设》第二卷第 12 期,1950
年 7 月 30 日。
② 《刘少奇选集》下卷,人民出版社 1985 年版,第 16、12 页。
③ 章乃器:《经济的改造——消肿、去腐、生新》,《新建设》第二卷第 8 期,1950 年 6
月 4 日。

可避免地将会牵连到少数正当的私营企业",调整工商业的政策就是要对这些正常的私营企业进行扶助。而克服私营工商业的困难需要同时落实好"公私兼顾"和"劳资两利"两条方针。①　第三,从现实的角度,分析了出现困难的基本特征及其解决办法,认为"有两种不同的情况:一种是暂时的困难,是改造与新生中的困难,这种困难基本上是可以克服的,另外一种困难却不是一时的,它是那些不合理的经营内容与经营方式的自然结果,除了彻底改造以外,根本无法解决困难",对于一般正常的工商业所发生的困难,"我们不但应该同情,而且应该帮助他们去克服",而且已经采取了"加工、定货、收购、贷款等重要办法",当然也需要"私营工商业自己必须拿出办法来"。②

关于新民主主义政治建设方针的阐释与宣传。《新建设》杂志对新民主主义政治建设方针的阐释与宣传,在内容上主要涵盖了三个方面:一是在整体上对新民主主义社会的性质和地位,以及对《共同纲领》基本精神的阐释;二是宣传和阐释人民民主专政的政治制度及其优越性,包括人民代表会议和人民代表大会等制度;三是阐释和分析民族资产阶级在新民主主义条件下的历史作用及其未来发展方向。

首先,对新民主主义社会的性质和地位的阐释与宣传。新民主主义的社会性质集中地体现在《共同纲领》的具体规定上,所以《新建设》也刊发了一组围绕《共同纲领》的内容来阐释新民主主义社会性质和地位的文章。比如向参与起草《共同纲领》的北京大学法学院教授何思敬约稿,详细阐述了《共同纲领》的相关理论,从《共同纲领》与党的最高纲领的关系角度,层层递进地阐释了当时经过新民主主义发展阶段的历史必然性,论述了共同纲领的"总目的"就是发展新民主主义,而领导新民主主义建设的"总指挥部"、"总动员机关"、"火车头"是"人民民主专政",并且结合中国实际情况阐明了组织这个政权的"民主集中制是中央与全民打成

---

① 陶大镛:《调整工商业和私人资本的出路》,《新建设》第二卷第 9 期,1950 年 6 月 18 日。

② 石础:《改造中的私营工商业》,《新建设》第二卷第 11 期,1950 年 7 月 16 日。

一片的优良制度"。①

同时,《新建设》刊文指出,对于引导人们正确认识新民主主义社会的性质和历史必然性,从而增强对新政权的支持和拥护,《新建设》专门刊文,以马克思主义关于生产力和生产关系的理论,以及关于人类社会发展形态的理论为依据,系统论述了新民主主义社会产生的时代背景、生产方式、历史地位、发展前途;分析了"新民主主义的生产关系,是以人民民主的生产资料所有制为基础",在中国新民主主义五种主要经济成分中,国营经济和合作社经济使"生产工具和生产劳动者结合起来"了,并且在"一切重要的经济部门"中已经强大起来,"私营经济是处在国营经济的领导之下";同时回应社会上对新民主主义社会性质的认识,分析论证了新民主主义社会的过渡性质及其发展前途。②

在这方面,《新建设》杂志特别注意对私营工商业者的引导。比如在所刊登的章乃器结合个人参加政协会议所写的文章中,论述了新民主主义和旧民主主义的不同,分析了"新民主主义是团结绝大多数人的一个武器,使每一个人都有机会充分发表自己的意见",号召民族工商业者应该"诚心诚意接受其(指中国共产党)领导",不但在政治上,而且"在业务上,还必须接受国营经济的领导","今后在建设上,我们可要好好的卖卖气力。这样,将来和广大人民站在一起,才不惭愧"。③

此外,针对美国对华关系白皮书中叫嚣的"民主个人主义"和"第三条道路"所产生的影响,《新建设》杂志积极发声,在创刊号上就刊发了费孝通的《白皮书的剖析》,文中揭露了美国在其中的"伪善"面目和"骗局"④,之后第3期再次刊发费孝通的关于统一战线的文章,其中借助阶

---

① 何思敬:《共同纲领底基本精神与特点》,《新建设》第一卷第4期,1949年10月20日。

② 华岗:《论新民主主义社会的历史地位》第三卷第5期,1951年2月1日。

③ 章乃器讲,幻云记录:《新国家与民族工商业》,《新建设》第一卷第4期,1949年10月20日。

④ 费孝通:《白皮书的剖析》,《新建设》第一卷第1期,1949年9月8日。

级分析的方法,通过与其他欧美资产阶级的对比,分析了中国民族资产阶级的产生及其"两重性",进而论述了企图在"二十世纪的五十年度中重演欧洲在二三百年前的历史是不可能的",并指出"美国帝国主义公开在白皮书中"企图利用中国民族资产阶级的"弱点"来"破坏中国人民革命的进行",从而阐明观点:对于"敌人要离间的战士,我们必须团结"。① 这些文章有助于引导民主人士和知识分子自觉认识帝国主义的本质,划清同美帝国主义的界限,从而更加坚定地站在新民主主义国家的立场上。

其次,对人民民主专政的政治制度及其优越性的阐释和宣传。在各界人民代表会议召开或筹备之时,《新建设》创刊号上刊发了编委钱端升的文章,其中主要分析了"各界代表会议是在中国共产党领导之下召开","这种会议可以加强人民的力量,也可以作为召集代表大会的一种准备工作",它的任务在于"沟通人民与政府间的意见,又在融合政府与人民两方面的力量"。② 中国人民政治协商会议召开之后,张志让结合《共同纲领》第一、二章关于政府组织的条文以及毛泽东的论述,阐述了《中央人民政府组织法》中关于"国都"、"国体"、"政体"以及人民代表"议行合一制"、政府组织架构等问题。③《新建设》还将北京市人民法院院长王斐然在北京大学法学院的一篇报告予以刊发,其中详细介绍了北京市人民法院的组织机构和工作概况,并且分析了审判工作的特点及如何在审判工作中掌握好政策④,从而引导人们迅速了解人民政府的组织机构及其特点。

对人民民主建政的过程,《新建设》也给予了长期关注。谢觉哉1950年11月19日在中国社会科学各研究会联合办事处作了"人民民主建设"的讲演,《新建设》刊登了这篇讲演稿。其中,主要从政治学中的国

---

① 费孝通:《中国革命人民大团结》,《新建设》第一卷第3期,1949年10月6日。
② 钱端升:《北平市各界代表会议》,《新建设》第一卷第1期,1949年9月8日。
③ 张志让:《中央人民政府组织法剖析》,《新建设》第一卷第3期,1949年10月6日。
④ 王斐然:《北京市人民法院组织机构和工作概况》,《新建设》第一卷第8期,1949年12月18日。

家、政权的理论出发,阐述了国家、政权是阶级社会的产物,是"压迫阶级用来统治被压迫阶级的工具",进而指出资本主义政权是"少数人对多数人的专政",在社会主义社会"真正的民主出现了",因为社会主义政权是"多数人来统治少数人",而且我国的新民主主义社会作为走向社会主义的过渡时期,也是"人民当权";人民民主专政实现了"经济上的民主",并且有"政治上的民主"的政权组织形式为之提供保障,如现阶段的人民代表会议制度和之后条件成熟后将实行的人民代表大会制度,以及代表的广泛性和严肃性等。文中还批判了"三权分立"和"政党政治"的欺骗性,指出它们不过是统治阶级"协调内部矛盾"的产物,本质上它们都是"一样的反动,一样的仇视人民"。此外,文中还特别指出在"各级各界人民代表会议"的建政中,要重视把县、乡一级代表会议开好。①

1951 年 2 月 28 日,刘少奇在第三届人民代表会议上讲到了新民主主义国家制度的基本特点。为做好这个内容的宣传,《新建设》约请宦乡对刘少奇的讲话内容进行了详细解说,发表在第四卷第 1 期,同期还将刘少奇的讲话原文进行了转载。宦乡在解说中说明了我们国家是"人民民主专政的共和国","基本制度是人民代表会议与人民代表大会制度","最高组织原则是民主集中制";我国的"民主建政一般地需要经过这样四个阶段":"军事管制","召开各界人民代表会议","由人民代表会议代行人民代表大会的职权","召开普选的人民代表大会";我们的制度的优越性在于"第一次给予供全国绝大多数人民享受的民主制度","引起了人民的一种从未得有的"觉悟和提高,基本上解决了"中央与地方之间的对立",人民代表不仅"参加国事的决定,而且也参与其施行",因而与人民和实际紧密相连。②

最后,对民族工商业者在新民主主义社会中历史作用的阐释与引导。在新民主主义社会中,民族工商业者仍然是重要的建设力量。但是由于

---

① 谢觉哉:《人民民主建政》,《新建设》第三卷第 5 期,1951 年 2 月 1 日。
② 宦乡:《人民代表会议与人民代表大会制度是我们国家的基本制度》,《新建设》第四卷第 1 期,1951 年 4 月 1 日。

阶级属性认知的惯性问题,一部分民族工商业者对自身在新民主主义社会及未来的社会主义社会中的前途产生过悲观情绪和恐慌心理。要引导它们全力地投入到新民主主义建设中来,就必须先通过阐明党对资本主义工商业及民族工商业者的基本政策,来澄清思想,扫除这种错误认识。

对此,《新建设》杂志刊发了多篇文章进行回应,并主要根据《共同纲领》的基本精神来阐述党的政策,从而引导民族资产阶级积极参加新民主主义国家建设。比如严景耀专门针对民族资产阶级认为自身"前途并不光明,因而徬徨不安",或者认为"早晚要被斗争","命已注定,无可挽回"的悲观认识,一一作了回应。他从理论上区分了"民族资产阶级"和"民族资本家"的概念,指出将来到社会主义社会后,"民族资产阶级作为一个阶级,是自然要被消灭的,但是民族资本家"是"有前途"的。随后针对私营工商业"在节制资本主义的方针之下"不可能取得发展的错误认识,通过分析资本主义的一般发展过程,阐明了即使在资本主义条件下,特别是资本主义进入"垄断的阶段"的过程中,"中小资本家"也受着"独占资本家"的"压迫",那时他们"大多是没有前途的",但是"新民主主义节制资本主义的方针,在消极方面,是不准有害于民族利益的资本家存在",而"在积极方面是争取,保护与扶助对民族经济有利的资本家","民族资本家在人民民主政权之下是有可靠的保障的",因而民族资本家在新民主主义条件下是有前途的;针对"民族资产阶级总是要被消灭的"的悲观认识,分析了民族资本家在经济改造中实现自我改造的问题,指出"民族资本家在二三十年建设新中国的过程中,不但增加生产,协助改造落后的中国,同时在工作过程中,也教育自己改造自己,使自己更适合地为新中国努力",由新民主主义进入社会主义社会以后,"民族资产阶级就可以完成光荣的历史任务,而各个勇敢有为的民族资本家,不再仅仅与工人阶级携手合作了,而是走入了伟大的工人阶级队伍中去,为建设社会主义中国而努力了"。① 中国人民政治协商会议的召开为"破除这种错误

---

① 严景耀:《论民族资本家的前途》,《新建设》第一卷第 1 期,1949 年 9 月 8 日。

心理"做了很多工作,《共同纲领》中并没有把社会主义的规定性写进去,原因正如周恩来所说的,那是要将社会主义的必然性"经过解释,宣传,特别是实践来证明给全国人民看",得到人民的"承认"后才实行的步骤,而不是一开始就进行的强迫式转变;在统一战线里,"民族资产阶级会得到其他阶级的合作和教育,逐渐摆脱原来的意识形态而接受新民主主义和毛泽东思想","统一战线的坚持才能使中国能在和平方式中顺利的实现社会主义"。① 这样的认识与后来三大改造时期,对资本主义工商业的生产资料私有制改造和对私营资本家的改造相结合的方针在大方向上是一致的。

同时,在"三反""五反"运动中,对资本家中一些不法分子的"五毒"行为,《新建设》专门发文进行了批判,指出"三反""五反"运动"确实具有非常伟大的历史意义,它是关系我们人民国家整个前途的百年大计","使我们全国人民受到一次无比深刻的政治教育和思想改造"。但与此同时,也非常郑重地指出,"五反"的目的"不是要打倒民族资产阶级,消灭私人资本主义,从而提早实行社会主义","不是意味着抛弃或修改共同纲领,而正是为了保护和贯彻共同纲领";"不是表示改变或削弱、缩小人民民主统一战线,而正是为了保护、巩固和扩大这个统一战线"②,从而引导民族工商业者在"五反"运动中消除不必要的恐慌心理,继续参与到新中国建设和事业中去。

另外,在"三反""五反"运动中,对待民族资产阶级的认识是一个重要问题。《新建设》也对此给予了回应,从"世界上没有抽象的真理,一切真理都是具体的"和"具体地分析具体的情况"的观点出发,指出要正确地处理同资产阶级的关系,"必须对中国民族资产阶级的两面性(或二重性)有充分正确的认识",文章反对"仅是把今天中国资产阶级的思想完

---

① 费孝通:《中国革命人民大团结》,《新建设》第一卷第 3 期,1949 年 10 月 6 日。
② 沈志远:《粉碎资产阶级猖狂进攻,巩固人民民主统一战线》,《新建设》1952 年 4 月号。

全评为反动腐朽的那种看法"，但是"'五毒'思想，却必须坚决地给以改造"。① 此时，恰好《矛盾论》重新发表，因此在学习《矛盾论》的同时，《新建设》还专门刊发了一篇以矛盾论的理论观点来分析资产阶级问题的文章，文中指出矛盾论的普遍性和特殊性的观点指示我们资产阶级和无产阶级之间存在着普遍性的矛盾，但在不同的阶段有不同的表现，因此矛盾斗争形式和地位不同。比如虽然工人阶级和资产阶级存在着普遍的矛盾，但在民族矛盾上升为主要矛盾时，工人阶级和民族资产阶级能够结成统一战线，但这并不是放弃斗争，而是在联合中斗争、在斗争中联合。在新民主主义社会中，工人阶级和资产阶级的矛盾中，"工人阶级是居于领导地位的"，针对"资产阶级中的不法分子"的"五毒"行为开展的"五反"运动，本质上"仍是人民民主统一战线内部的斗争"，在这个过程中，对不法分子的"猖狂进攻熟视无睹"，或认为"资产阶级彻头彻尾腐朽反动"，都是不对的，所以要用"群众运动和批评自我批评的方式，用共同纲领的原则"来处理。② 从以上这些阐述来看，《新建设》对待民族资产阶级的态度是比较客观的。

关于新民主主义文化建设方针的阐释与宣传。针对《共同纲领》中的文化教育方针，《新建设》杂志刊登了多篇文章。如刊登的中央人民政府委员徐特立的文章，着重从理论层面阐述了"科学化民族化大众化"方针的本质内涵及其相互关系，指出"教育科学化和民族化，就是理论与实践结合"，而"大众化"是"要求科学为大众所掌握"，它解决了在资本主义国家没有得到解决的"劳心劳力对立的问题"，因此大众化既代表了"量的扩大"，同时也在"内容和形式"上适应了人民大众的要求。③ 在出版总署任职的傅彬然也在《新建设》上刊登了这方面的文章，他重点阐述了在自然科学、社会科学等文化教育部门的"共通"属性，指出《共同纲领》

---

① 沈志远:《论资产阶级的两面性》,《新建设》1952 年 7 月号。

② 杨奎章:《〈矛盾论〉对中国资产阶级问题的启示》,《新建设》1952 年 6 月号。

③ 徐特立:《科学化民族化大众化的文化教育》,《新建设》第一卷第 8 期,1949 年 12 月 18 日。

"是毛泽东思想的结晶,我们看第五章文化教育政策,自然也得以毛泽东思想为依据",其中"把文化教育的各个部门汇合在一起,自然科学、社会科学、文学、艺术、教育、卫生、新闻、出版,都包罗在内",是因为这些部门都"有着共通的性质和共通的任务",而这样的安排"就把文化教育工作者的视野扩大了,同时也把各个部门的文化教育工作的地位和使命明确地规定了"。① 何干之重点阐述了文化建设工作需要遵循的两个基本方针及其相关要求:"第一、我们要使文化事业从为少数人转移为广大劳动人民而服务。第二、我们要使文化事业为恢复与发展国家生产建设而服务。这两个基本方针,第一个是文化普及和文化提高相结合的方针,第二个理论和实际相结合的方针";"马克思列宁主义是科学是真理,是放之四海而皆准的普遍真理,我们要把普遍真理当作思想方法,当作武器来使用","最基本的问题是方法的应用",这就需要"大众化","彻底使大众掌握马克思列宁主义这个普遍真理",而"文化大众化工作,首先进行普及教育"。② 这些阐释性文章,为人们迅速了解科学化民族化大众化的基本方针的内涵,以及准确把握和处理各个文化部门之间的内在关系提供了帮助。

针对新旧文化的关系问题,《新建设》杂志也刊登了一定的文章。如创刊之初实际主持社务工作的张志让,在创刊号上即发文阐释:对待"旧学"应该是"整理"、"批判"、"改造"、"利用",而且强调"要能正确地去整理、批判、改造旧学问,我们必须先以新学问将我们自己装备起来";对待"新知"的正确态度应该是"研究"和"学习","尤其是广泛的学习"。所以"这就显示我们研究新理论,新政策,新观点和新方法的重要","我一向认为研究学习马列主义和毛泽东思想是目前教育界第一重要课题"。这里,张志让所说的"新知"其实就是马克思列宁主义、毛泽东思想的基本理论、观点和思想方法,主张研究学习这种"新知"并用它去"改造旧

---

① 傅彬然:《关于共同纲领中的文化教育政策》,《新建设》第一卷第 4 期,1949 年 10 月 20 日。

② 何干之:《新中国文化建设的基本方针》,《新建设》第三卷第 1 期,1950 年 10 月 1 日。

学"。而对待马克思列宁主义和毛泽东思想,学习的内容和重点是不同的,前者主要是其"最基本的及与参与人所受科目最有关系的部门",后者则要求"理论与具体主张同时并重",这里其实也体现了对学习毛泽东思想和中国共产党政策的特别重视。最后,张志让认为,个体自学不足以达到上述目标,"要实现这个要求,最好的方法是发动一个全国性的运动。这一运动必须立刻发动,必须普遍推行",并且"提议政府有关机关和社会科学工作者代表会议的筹备会联合各地重要学校及各方面的有力人士迅速发动这一运动",以使得"全国教育工作者能早一日加强思想上的武装","全国学生可以早一日得到更适当的教育"。① 第一卷第 4 期上,署名"更生"的文章再次肯定了张志让关于"探求新知批判利用旧学"的号召,指出"这一个号召,不惟是正确,而且是适时的",并且强调"中国文教工作者,应该毫不犹豫地在此一号召下,'发动一个全国性的运动'来研究学习马列主义——毛泽东思想"。在此基础上进一步强调了三层意思:第一,学习内容"有三个方面,就是马列主义——毛泽东思想的'立场','观点',和'方法'。更具体地说就是无产阶级的立场,历史唯物主义的观点和唯物辩证法的方法"。第二,研究学习"马列主义——毛泽东思想"的"态度和方法","不仅要做到'能知','能写','能说',就算完事,还要加上一个更重要的节目——'能行'",也就是不仅要"言之成理"、"持之有故","更重要的是能'行之有效'。换句话说,研究马列主义——毛泽东思想,最重要的,不是拿它作为一种空洞的理论、机械的教条来了解它,记忆它,传授它,而是拿它来联系实际问题和解决实际问题"。第三,"研究学习马列主义——毛泽东思想,必须以改造思想为第一目的"②,改造思想"最好采用集体的方式,在集体研究学习中,必须运

---

① 　张志让:《探求新知批判利用旧学与大学教育前途》,《新建设》第一卷第 1 期,1949 年 9 月 8 日。

② 　这种观点与第一次全国教育工作总结会议上的报告一致。报告中指出:"根据各地经验,为了有效地进行政治思想教育,第一、理论学习必须密切结合学生的思想实际,即把理论学习作为改造思想的武器,改造思想作为理论学习的直接目的"。参见中共中央文献研究室编:《建国以来重要文献选编》第一册,中央文献出版社 1992 年版,第 92 页。

用批评与自我批评的武器",只有这样才能真正"把马列主义,毛泽东思想学习得化成了自己的血和肉"。①

针对知识分子在文化建设中的任务,《新建设》刊文指出,我们"在今天,真正能为中国人民所接受的文化,就必须是一种大众化,科学化与中国化的文化","毛泽东思想,就是这种'人民文化'的历史内容";分析了"文化"与"劳动"的关系,指出"文化是人类劳动的结晶",所以"文化与劳动应该结合在一起",但"人类进到了阶级社会以后,劳动与文化就对立起来了",知识分子的责任就是在于消除阶级社会所产生的文化与劳动者之间的隔离,"使劳动与文化重新拥抱起来";为此,"每一个自觉的知识分子要义不容辞地负起双重责任来:第一,要展开扫除文盲运动","广泛地提高他们的文化水准","第二,要保卫文化遗产,用马克思主义的观点与方法,来发扬这些文化遗产"。② 同时,为迎接和配合文化建设高潮,1951 年 1 月 1 日,《新建设》杂志特别刊登了学术理论界诸多名人的文化笔谈,如张奚若、华岗、林汉达、王学文、周谷城、丁易、李达、林砺儒、华罗庚、徐悲鸿、宋云彬、周建人、施复亮、孙伏园、谢觉哉、陶孟和、冯友兰、艾思奇、沈体兰、汤用彤、罗常培等,回顾了一年来在科学化、民族化、大众化的方针下文化教育界所取得的主要成绩,并且展望未来。③

同时,作为学术性月刊,《新建设》杂志还直接阐释了学术文化发展的相关理论问题,指出"学术文化的进步却还落在时代要求的后头"的问题,主要表现在"不能好好地运用马列主义的立场和方法来具体地分析和研究中国现状和中国历史","对于各种现实问题的剖析,也还不能上升到理论的高度","当然,要提高学术研究工作,必须避免硬套公式或片

---

① 更生:《思想改造与"批判利用旧学"》,《新建设》第一卷第 4 期,1949 年 10 月 20 日。

② 陶大镛:《文化革命与知识分子的责任》,《新建设》第一卷第 4 期,1949 年 10 月 20 日。

③ 《迎接新民主主义的文化建设高潮》,《新建设》第三卷第 4 期,1951 年 1 月 1 日。

面论断,而处处从实际出发,对问题作全面客观的分析研究;同时更要展开自由讨论及批评与自我批评",所以"《新建设》今后应以普及和提高人民学术为基本任务"。① 这实际上是文化科学化的问题,即理论与实际相联系的问题,当然也反映了文化大众化的问题,即对理论的学习不到位,还没有到达灵活运用的境界。而对于学术工作者在文化建设中的历史任务,《新建设》杂志以社论的形式宣告,"要通过学术研究工作为巩固广大人民对我们的伟大祖国的过去、现在和将来的正确认识,我们一定要不断地提高新中国的理论水平和学术水平,发展民族的、科学的、大众的新文化",以"新的学术创作和新的文化食粮,来配合和供应国防建设、经济建设和广大人民的迫切需要","来创造我们的辉煌灿烂的新民主主义文化"。②

另外,《新建设》1952 年 10 月号上,刊登了一篇《社会主义现实主义,还是"新民主主义现实主义"?》。文中主要讨论了文艺创作的现实指导方针问题,认为当时文艺创作中的现实主义"只能指新的现实主义——即所谓社会主义现实主义"。那些坚持"新民主主义现实主义"说法的主要依据是"现时社会的性质,是新民主主义的",文艺创作中要反映生活实际,那就只能是"新民主主义现实主义"。文章重点从理论层面剖析了这一观点的错误之处,指出它"仅从字面上机械地对待问题","把观察和研究问题的立场、方法同处理目前实际事物的具体内容混淆起来了",实际上"社会主义现实主义并不是在社会主义社会完全形成的条件下产生,而是在'社会生活的社会主义倾向确立和发展过程中产生'的",新民主主义社会下"我们社会制度是过渡的,它的理论基础是属于社会主义和共产主义思想体系的,共产主义的意识形态在我们的社会中迅速地发展着",而且"经济、政治和文化领域中都包含着强有力的、急剧增长着的社会主义因素",在这种情况下"社会主义现实主义"就应该成为作家们

---

① 《新建设月刊发刊辞》,《新建设》第三卷第 1 期,1950 年 10 月 1 日。
② 《学术工作者在爱国主义旗帜下的伟大任务》,《新建设》第四卷第 1 期,1951 年 4 月 1 日。

掌握的先进的文艺方法。① 表面上看这只是一篇讨论文艺创作方法的文章,但仔细分析便可以发现,这个方法背后体现的是文化建设乃至整个建设事业的思想理论基础的问题。其实,毛泽东在《新民主主义论》中早已将这个问题说得很清楚,那就是要将"共产主义思想体系的宣传"同"当前行动纲领的实践"区别开来,将"用共产主义的立场和方法去观察问题、研究学问、处理工作、训练干部"同整个国民教育和国民文化的方针区别开来。② 因此,《新建设》在这个时期刊登的《社会主义现实主义,还是"新民主主义现实主义"?》这篇文章,对于引导人们正确认识当时文化建设的指导思想和基本方针领域的基本状况有一定的参考意义。

第二节　阐释与宣传的特点及现实影响

《新建设》杂志在对新民主主义建设方针的阐释和宣传中,非常注重运用学术话语进行理论化的阐释,并且积极配合党在不同阶段的中心工作,及时回应人们的思想状况,因此这些文本在现实中也产生了深刻的影响。

《新建设》杂志对新民主主义建设方针阐释宣传的特点主要体现在三方面。首先,注重以学术话语来阐释和宣传党的政策。《新建设》所刊登的阐释和宣传新民主主义建设方针政策的文章中,注重以学术理论进行分析的特点十分突出。

如在分析中国农村的地租形式及其对农民的剥削性和对工业生产的束缚时,先详细阐述了马克思主义的地租理论,从《共产党宣言》和《资本论》中关于地租问题的详细论述出发,阐述了"任何地租都是剩余价值,

---

① 敏泽:《社会主义现实主义,还是"新民主主义现实主义"?》,《新建设》1952 年 10 月号。

② 《毛泽东选集》第二卷,人民出版社 1991 年版,第 705 页。

都是剩余劳动的生产物"的观点；进而从"纳租的形式"和"地租的高度"方面的特点，"明显地判定"近代中国农村土地制度下对农民剩余劳动的剥削性；在这样的理论分析基础上，指出农民被以"地租"方式进行的剥削，"就是我们民族被侵略、被压迫、穷困及落后的根源"，因此应该"废除地主阶级封建剥削的土地所有制、实行农民的土地所有制"。① 在论述新民主主义五种经济成分的性质和地位时，《新建设》杂志主要基于生产力与生产关系的理论和阶级分析方法，通过对比不同经济成分的所有制形式、生产经营方式、劳动成果的分配等，以及在各自生产过程中工人阶级和资产阶级的现实地位，来作出具体的分析。② 在分析新民主主义社会的历史地位时，从生产力和生产关系的理论依据出发，结合马克思关于人类社会发展"五形态"理论的一般规律和在某些国家与地区的特殊表现，阐明了新民主主义社会是俄国十月革命以后"殖民地半殖民地半封建国家人民革命胜利的产物"，以此来说明新民主主义的性质，之后进一步剖析新民主主义社会的生产方式特征，从而点明新民主主义制度和资本主义制度之间存在着本质的区别，同时指出新民主主义也不是完全的社会主义，但发展前途是社会主义的。③ 在阐述人民民主建政的基本方针时，从国家作为阶级统治机器的本质内涵出发，梳理了自古以来所出现的不同政权形式，分析和揭露了资产阶级政权下所谓"民主"的欺骗性，阐述了"人民民主与资产阶级旧民主的基本区别"，进而论证了人民民主制度的优越性。④ 诸如此类。

　　另外，对于经济学上的一些理论问题，《新建设》杂志也给予直接的关注。如刊登的北京大学经济学教授樊弘的文章中，就尖锐地提出来并旗帜鲜明地反对"政治经济学的教学上"存在的"两种不好的偏向"，即

---

① 朱剑农：《现阶段土地改革的理论分析》，《新建设》第三卷第 2 期，1950 年 11 月 1 日。
② 王学文：《论新民主主义的经济形式》，《新建设》第四卷第 1 期，1951 年 4 月 1 日。
③ 华岗：《论新民主主义社会的历史地位》，《新建设》第三卷第 5 期，1951 年 2 月 1 日。
④ 谢觉哉：《人民民主建政》，《新建设》第三卷第 5 期，1951 年 2 月 1 日。

"经济学教学上的第五纵队或第三路线"和"左倾幼稚病"①,他还详细介绍了马克思的"社会总资本再生产与流通"的学说内容②;许涤新阐述了人民经济的借贷关系和利息问题③、利润形态问题④;赵靖阐述了资产阶级租税转嫁理论⑤;陶大镛从"商品价值"、"货币与资本"、"剩余价值"、"工资"、"利润利息"、"地租"等范畴出发,阐述了人民经济的重要理论问题⑥;等等。这些文章都是紧扣当时国内财政经济工作中的现实问题而进行的理论化阐释,对人们提升理论认识,进而坚定正确的政策方向起到积极的作用。

从发挥实际作用的角度来说,《新建设》杂志的理论化阐释方式,有助于人们从更深的层次了解和把握方针政策的理论依据和现实必然性,从而坚定正确的政策方向。特别对于知识分子和党政干部群体来说,高超的思维能力和理论水平是其能够准确地审视过往、体认当下并进而明辨是非、科学决策的基本条件。上述文本注重理论化阐释的特点,恰恰是《新建设》杂志作为学术性月刊,用学术话语讲好党的方针政策,发挥以学辅政、以理服人作用的鲜明体现。

其次,以《共同纲领》的基本规定为阐释依据。新中国成立之初,新民主主义国家的建设方针集中体现在《共同纲领》中关于各领域建设方针政策的具体规定上。所以《共同纲领》中的基本内容,就成为《新建设》在阐述和宣传相关方针和政策时的基本依据。具体来说,在经济建设方针方面,重点阐释新民主主义"五种经济成分"的地位和作用以及党的基

---

① 樊弘:《论经济学上的第五总队和左倾幼稚病》,《新建设》第一卷第 6 期,1949 年 11 月 17 日。

② 樊弘:《马克思的社会总资本再生产与流通的学说》,《新建设》第二卷第 9 期,1950 年 6 月 18 日。

③ 许涤新:《人民经济的借贷关系和利息问题》,《新建设》第四卷第 3 期,1951 年 6 月 1 日。

④ 许涤新:《人民经济的利润形态》,《新建设》第五卷第 2 期,1951 年 11 月 1 日。

⑤ 赵靖:《资产阶级租税转嫁理论批判》,《新建设》第四卷第 5 期,1951 年 8 月 1 日。

⑥ 陶大镛:《关于人民经济的几个基本范畴》,《新建设》第五卷第 1 期,1951 年 10 月 1 日。

本方针等内容。基于上文关于《新建设》职责定位的分析,在其中,关于私营工商业方面的政策、对私营工商业者的教育引导,是《新建设》阐释和宣传的重点方面;在政治建设方针方面,阐释和宣传的重点聚焦在新民主主义社会的性质和历史地位、人民民主专政的制度优势和建政情况、各阶级阶层(主要是民族资产阶级)在政权中的地位上;在文化建设方针方面,阐释和宣传的重点是科学化民族化大众化方针的贯彻和具体要求、学术工作者或知识分子在文化建设中的具体任务等。

　　1952年底之后,随着国家工业化和社会主义改造步伐的开启,关于国家建设方针的阐述,虽然主要还是以新民主主义和《共同纲领》为基本准则,但是谈论"社会主义"的内容明显多了起来。如《新建设》刊登的文章指出,关于"国家工业化的基本方针","我们只能走社会主义工业化的道路";①按照"生产关系一定要适合生产力的性质这个经济法则","在新民主主义条件下的中国,社会主义经济成份的产生、巩固和发展,逐渐给社会主义的经济法则开辟了发生作用的范围。在新民主主义经济制度已经巩固建立,并日益向前发展的条件下,像按劳取酬的法则和国民经济有计划、按比例发展的法则这样的社会主义经济法则,已经开始发生作用了";②"国营经济是社会主义性质的经济","完全适用社会主义的基本经济法则",而且"国营经济的主要法则也对其他经济的法则起着领导的主导的作用";③"新民主主义发展的过程,就是国家工业化与社会主义改造的问题","国家工业化是按照社会主义基本经济法则而实现的";④等等。从1952年12月号起,《新建设》还开设"学习《苏联社会主义经济问题》"专栏,连续刊登近20篇文章,集中讨论了社会主义经济建设相关理论问题。

　　从发挥实际作用的角度来说,坚持正确的政策依据并坚持从实际出

---

① 林平:《论我国工业化的基本方针》,《新建设》1953年9月号。
② 蒋学模:《论新民主主义条件下的经济法则》,《新建设》1953年9月号。
③ 王学文:《中国新民主主义的几个经济法则》,《新建设》1953年10月号。
④ 许涤新:《论过渡期中的社会主义基本经济法则》,《新建设》1953年10月号。

发的意义十分重大。如果基本的依据发生偏差,或者脱离了实际情况,就会产生方向性的错误,这非但起不到阐释宣传理论政策和教育引导广大群众的作用,反而会适得其反,甚至导致严重的后果。一些报刊在1952年初对民族资产阶级的不当的评论,就是因为脱离了《共同纲领》的基本精神,也脱离了实际。相对而言,当时《新建设》在这方面的文本基本还是坚持从《共同纲领》的政策规定出发的,相关的定位和评价也比较客观。所以,坚持正确的政策依据并坚持从实际出发,是阐释和宣传好党的理论方针政策的前提。

最后,积极配合党在不同阶段的中心工作,并且积极回应人们的思想状况,引导他们形成正确的认识。配合党的中心工作是阐释和宣传方针政策的基本要求,也是目的所在,《新建设》在这方面的特点非常明显。比如对新民主主义经济建设方针的阐释与宣传,也是紧紧围绕党的财政经济中心工作逐步推进的,包括统一财政经济工作、建立新中国税收体制、稳定物价、发行人民胜利折实公债、推进土地改革、调整工商业、开展节约增产运动、开展"三反""五反"运动、推进国家工业化等。围绕以上这些中心工作,《新建设》均刊登了相应的文章,并在阐述这些工作的同时宣传了党的方针政策,从而促进了这些工作的顺利开展。

在配合中心工作的同时,《新建设》刊登的文章也非常关注人们对相关问题和政策的思想认识,在纠正认识误区、澄清思想混乱的过程中更好地阐释了党的方针政策,团结和引导了人民群众。这方面的特点也非常突出。比如一些私营工商业者因对党的政策不了解,在新中国成立前后一段时间内对自身的前途产生了一定的悲观和惶恐的情绪。对此,《新建设》积极回应了这种模糊认识和不当情绪,向他们阐释了中国共产党在新民主主义阶段的阶级政策,指出在新民主主义条件下所具有的历史作用,特别是向他们阐述中国共产党在进入社会主义之后对民族工商业者的政策方向,从而帮助他们扫除错误认知和情绪,更好地投身到新中国建设事业中。再如针对在工商业调整中无可避免地暂时影响到一部分企业的正常经营而产生的"痛苦"和"困难",《新建设》也是从进行工商业调整的必要性、出现困难的原因的角度进行了理论和现实的双重分析,并且指出了工商业者渡过难关的方法和中国共产党对工商业者的扶助,以此来引导他们正确对待工商业调整,积极将自己的经营引向国家发展的正轨。①

从发挥实际作用的角度来说,围绕中心工作、积极回应人们的思想状况的特点,是阐释宣传工作的基本要求。因为方针政策是为中心工作服务的,阐释和宣传党的理论和方针政策,就是为了党的中心工作能够沿着期待的方向顺利前进。如果偏离了中心,或者对人民群众(特别是读者群)的思想认识状况不加注意,这样的阐释和宣传也就很难起到应有的作用。如上所述,《新建设》在阐释与宣传的导向上所体现出来的围绕中心工作、积极回应人们的思想状况的特点,使它的阐释与宣传更具有现实针对性,发挥作用也就更加明显。

《新建设》杂志对新民主主义建设方针阐释宣传的在当时产生了深刻的现实影响。首先,推动党的方针政策深入人心。党的方针政策只有被人民群众真正了解和接受,才有可能在实践中被切实遵循。新中国成立初期,新民主主义建设的方针政策在全国的推行也必须以对它的有效阐释和宣传为前提,特别是对于新解放区来说,新民主主义的建设方针还是一套新的政策体系,更需要有效的阐释宣传来推动党的方针政策的深入人心和切实实施。所以,中共中央当时曾通报各地,要求各级党委要把宣传工作作为联系和团结群众、推进方针政策落实的"必要的步骤"、"主要方法"②和"有力武器"③。这是中国共产党赋予报刊工作的基本职责之一。根据上文叙述可知,《新建设》对新民主主义建设方针的阐释与宣传的文本,涵盖了经济、政治和文化三个领域;既包括正面的阐释与宣传,

---

① 参见章乃器:《经济的改造——消肿、去腐、生新》,《新建设》第二卷第 8 期,1950 年 6 月 4 日;陶大镛:《调整工商业和私人资本的出路》,《新建设》第二卷第 9 期,1950 年 6 月 18 日;石础:《改造中的私营工商业》,《新建设》第二卷第 11 期,1950 年 7 月 16 日。

② 中共中央宣传部办公厅、中央档案馆编研部编:《中国共产党宣传工作文献选编》第三卷,学习出版社 1996 年版,第 217、219 页。

③ 《陆定一文集》编辑组编:《陆定一文集》,人民出版社 1992 年版,第 456 页。

也包括回应思想认识问题所作的说明与引导；既有直接的内容性介绍，也有从理论上所作的阐述与分析。这些内容对于有效推进党的新民主主义的政策普及和切实实施起到了积极的作用。

与此同时，因为《新建设》的读者群主要是理论教育工作者、党政机关干部、知识分子群体，同时包括了工商业者群体。根据这一定位，《新建设》在宣传新民主主义建设方针时，就必须把理论化的阐释工作做好，积极关注和报道理论界对这些方针政策的认识和分析。比如对于农村的土地改革，通过阐述马克思主义地租理论，来阐述地租对农村生产力的束缚，并指出废除地主土地所有制的历史意义①。再如关于经济建设应该遵循的法则的问题，《新建设》刊登了多篇文章：《私营资本主义经济》②、《论新民主主义条件下的经济法则》③、《论我国工业化的基本方针》④、《论过渡期中的社会主义基本经济法则》⑤、《中国新民主主义的几个经济法则》⑥等。这些文章的特点或是直接对方针政策进行理论化论证，或是对思想认识上的不同认知进行理论讨论，以确立正确认识、坚定正确的政策方向。所以，《新建设》的这些阐述和宣传，为人们从理论的高度加深和坚定对党的新民主主义经济建设方针的认识起到了积极的作用。

其次，加强各方面力量在中国共产党领导下的团结统一。对于巩固新生政权、推进各领域建设的任务来说，争取全国各领域人民的支持和拥护至关重要。在这个过程中，对党的基本理论和方针政策的正面阐释和宣传起着非常重要的作用，它可以把党的初心使命和理论主张，传达到全社会，帮助人们认清发展的方向，"主义譬如一面旗子，旗子立起了，大家

---

① 朱剑农：《现阶段土地改革的理论分析》，《新建设》第三卷第 2 期，1950 年 11 月 1 日。

② 北大经济系系会：《私营资本主义经济》，《新建设》第一卷第 12 期，1950 年 2 月 12 日。

③ 蒋学模：《论新民主主义条件下的经济法则》，《新建设》1953 年 9 月号。

④ 林平：《论我国工业化的基本方针》，《新建设》1953 年 9 月号。

⑤ 许涤新：《论过渡期中的社会主义基本经济法则》，《新建设》1953 年 10 月号。

⑥ 王学文：《中国新民主主义的几个经济法则》，《新建设》1953 年 10 月号。

才有所指望,才知所趋赴"①,并凝聚民心,汇聚力量,实现全国人民在共同思想基础上的团结统一。正如习近平总书记指出的那样:"宣传思想工作就是要巩固马克思主义在意识形态领域的指导地位,巩固全党全国人民团结奋斗的共同思想基础。""坚持团结稳定鼓劲、正面宣传为主,是宣传思想工作必须遵循的重要方针",它可以起到"鼓舞人、激励人的作用",也可以"帮助干部群众划清是非界限、澄清模糊认识"。②

《新建设》杂志在对新民主主义建设方针的阐释和宣传中,有一个内在的追求和导向,那就是维护各领域人民的团结统一,特别是团结和争取民族工商业者在统一战线下积极为新中国建设事业服务。而且这也是党赋予《新建设》的现实期望。比如在第一届全国政协第一次会议刚刚闭幕,《新建设》就刊发了政协委员、本刊编委费孝通的《中国革命人民大团结》一文,该文章是费孝通结合自己参加全国政协的实际感受所写,其中指出不仅"革命的胜利有赖于统一战线",而且"统一战线的坚持才能使中国能在和平方式中顺利的实现社会主义"。③ 此外还专门刊文指出"中国人民的统一"是取得革命胜利、"建立人民民主新中国的主要条件",而且"在建设新中国的过程中,人民统一的程度一定愈来愈高,统一的力量也一定愈来愈大"。④

同时,如上文所述,面对民族资产阶级对自身前途产生悲观情绪、工商业者对经济调整出现困难而产生消极心态等思想动摇和认识偏差的问题,《新建设》也是从维护和坚持统一战线的角度来引导人们消除错误心理、树立正确认识,指出"在解放战争胜利成立人民共和国后,则以人民民主统一战线、《共同纲领》和人民民主专政的政权,来具体地正确地解

---

① 中共中央文献研究室、中共湖南省委《毛泽东早期文稿》编辑组:《毛泽东早期文稿》,湖南出版社 1990 年版,第 554 页。

② 《习近平谈治国理政》第一卷,外文出版社 2018 年版,第 153、155 页。

③ 费孝通:《中国革命人民大团结》,《新建设》第一卷第 3 期,1949 年 10 月 6 日。

④ 严景耀:《论中国人民的统一》,《新建设》第三卷第 3 期,1950 年 12 月 1 日。

决对资产阶级互相依存而又互相矛盾的问题"①;"五反"运动"不是表示改变或削弱、缩小人民民主统一战线,而正是为了保护、巩固和扩大这个统一战线"②等。这样的阐释宣传对争取和团结各领域人民,特别是民族工商业者积极参加新中国建设起到了教育、团结和引导的作用。

最后,推进各领域建设工作的顺利开展。对新民主主义建设方针的阐释和宣传,最终的目的还是要通过对这些方针的贯彻实施,确保各领域建设事业沿着正确的方向顺利开展。如上文所述,在《新建设》上阐释与宣传新民主主义建设方针的作者,不仅有很高的理论水平,而且最关键的是他们或者是第一届全国政协委员,参与了《共同纲领》的讨论,或者是这些方针政策的参与制定者或具体组织实施者。如谢觉哉、章乃器、费孝通、宦乡、沈志远都是全国政协委员,其中,谢觉哉、宦乡、沈志远还是共同纲领草案整理委员会委员③,此外还有不少作者分别在各级政府中主持或参与财政经济、民主建政、文化教育等方面实际工作。所以,他们围绕《共同纲领》的内容所展开的阐述和宣传,具有很强的权威性和代表性,对推进各领域建设事业的指导意义也就更大。

谢觉哉曾任中央人民政府内务部长、法制委员会委员等职务,在新中国成立之前,他就积极思考即将成立的新中国的民主建政方面的工作,他还对"立法工作和训练司法干部"工作提出了"具体规划",并且建议"将已接收过来的朝阳大学改为国立北平政法大学。经过紧张的筹备,新中国第一所政法大学宣告成立",谢觉哉也"被任命为中国政法大学校长"。④ 另外,谢觉哉在《新建设》发表的《人民民主建政》一文中提出,"省、市、各大行政的建政工作,因为干部强,代表有开会习惯,易于搞好",但是"县是一个关键。县的代表会议开得好,下面区乡的会,也会开

---

① 杨奎章:《〈矛盾论〉对中国资产阶级问题的启示》,《新建设》1952 年 6 月号。
② 沈志远:《粉碎资产阶级猖狂进攻,巩固人民民主统一战线》,《新建设》1952 年 4 月号。
③ 《中国人民政协第一届全会各委员会名单》,《人民日报》1949 年 9 月 23 日。
④ 《谢觉哉传》编辑组:《谢觉哉传》,人民出版社 1984 年版,第 190 页。

得好些,上面布置下来的工作,也因经过县代表会议易于深入开展","乡
是基础,很重要",所以应该重视县、乡一级的代表会议。① 正是基于理论
上的这个认识,谢觉哉后来在县、乡一级代表会议的建政实践中发挥了重
要作用。②

小　　结

　　新中国成立初期,党的施政纲领主要是新民主主义的,集中体现为
《共同纲领》对各领域建设方针政策的具体规定。根据上文对《新建设》
杂志定位的剖析可知,阐释和宣传党的基本理论和方针政策是它所承担
的重要功能。因此,积极阐释和宣传新民主主义的建设方针,就成为《新
建设》在现实主张层面来践行上述职责的集中体现。本章主要考察《新
建设》杂志在阐释和宣传新民主主义建设方针方面的刊文情况,并且分
析这些文本的主要特征和现实影响,来进一步说明杂志的学术定位及其
所发挥的具体作用。

　　整体来看,《新建设》对新民主主义建设方针的阐释和宣传,涵盖了
经济、政治和文化这三个主要领域。在经济建设方针方面,主要是配合国
家财政经济中心工作,积极阐释和宣传新民主主义五种经济成分及其各
自的地位和作用、党的经济建设方针,同时结合读者群特征,杂志尤其注
重对私营工商业者的争取,引导他们积极投身新民主主义建设;在政治建
设方针方面,主要聚焦新民主主义社会性质、《共同纲领》、人民民主专政
制度、民族资产阶级及其历史作用这几个方面来展开;在文化建设方针方
面,主要围绕"科学化民族化大众化"的方针及其在现实中的具体要求来
进行阐释和宣传。

　　① 　谢觉哉:《人民民主建政》,《新建设》第三卷第 5 期,1951 年 2 月 1 日。
　　② 　《人民公仆党员楷模》,《人民日报》1984 年 4 月 27 日。

　　从发挥阐释宣传党的基本理论和方针政策的作用方面来看,以上这些文本主要呈现了三个特征:一是在具体方式上,注重用学术话语来阐释和宣传党的政策;二是在政策依据上,以《共同纲领》为阐释和宣传的基本遵循,但是,随着国家工业化和社会主义改造步伐的开启,关于国家建设方针的阐述中,开始明确地、较多地出现了"社会主义"的表述;三是在宣传导向上,积极配合党在不同阶段的中心工作的开展,并且注重回应和引导人们的思想认识。而从这些文本所发挥的具体作用来看,主要表现为推动党的方针政策的深入人心、加强各方面力量在中国共产党领导下的团结统一、推进各领域建设工作的顺利开展,而其终极目标还是在于通过对这些方针的贯彻实施,确保各领域建设事业沿着正确的方向顺利推进。

第五章　对《实践论》、《矛盾论》的
学习和阐释

　　《实践论》、《矛盾论》（以下简称"两论"）是毛泽东思想中具有代表性的哲学理论著作，是对中国革命经验的哲学概括。它们在革命战争年代，为纠正主观主义错误路线、正确总结革命经验、统一全党思想认识发挥了重要作用。新中国成立后，"两论"分别于 1950 年 12 月 29 日和 1952 年 4 月 1 日重新发表，成为全国性理论学习的重要文本。在这个过程中，《新建设》积极发挥学术性职责，拿出了重要的位置和篇幅着墨于"两论"的宣传阐释和学习贯彻，有力地促进了全国理论学习的开展，产生了重要的社会影响。《新建设》对"两论"学习的自觉认知、深度参与及其现实影响，是其切实承担前文所述的学术性职责的最直接的体现。本章主要对这个具体案例展开分析，以进一步论证《新建设》的学术性定位及其作用。

第一节　对学习阐释的认知

　　新中国成立初期，"两论"的重新发表承载着重要的现实使命。《新建设》作为学术性月刊，对"两论"的重新发表的现实使命有着明确的认知。这是其能够深度参与到《实践论》、《矛盾论》学习中并发挥现实影响的重要前提。

新中国成立初期,"两论"的重新发表不仅为全国理论学习提供了重要的文本,而且对纠正思想中的错误认识,确立马克思主义指导地位,推动学术研究新发展,最终推动新中国各方面建设事业发展,都具有重要的现实意义。

首先,为全国理论学习教育提供学习文本。新中国成立初期,全国理论学习教育的核心目标,就是将马克思列宁主义、毛泽东思想的理论原则、基本观点进行普及化,使之成为新中国建设的指导思想和行动指南。1951年5月,刘少奇在全国第一次宣传工作会议上指出,"用马列主义的思想原则在全国范围内和全体规模上教育人民,是我们党的一项最基本的政治任务"①。而在理论教育中,毛泽东思想的文本是非常重要的学习教材。因此,编辑出版包括"两论"在内的毛泽东的著作,是当时全国理论学习的一项迫切要求。"两论"重新发表之后,自然也就成为各地开展理论学习的重要文本。如中共中央宣传部在整风学习的报告中,将《实践论》列为必须学习的第一项"指定的文件"②。而且,毛泽东本人也十分重视"两论"学习的实际功用,他还曾因担心"因为太像哲学教科书,放入选集将妨碍《实践论》这篇论文的效力",而产生过不将《实践论》收入《毛泽东选集》的想法。③

与此同时,学术界也广泛开展了对"两论"的学习活动。王学文曾指出,"毛泽东同志的'实践论'是我们理论学习的最好教材之一,在认识论、思想方法上给我们以正确的深刻的宝贵的指导。"④如《实践论》发表后,中国新哲学研究会、中国新法学研究会都分别组织过两次专门的学习座谈会,他们从中国传统哲学中的知行关系、西方认识论发展过程和法学

---

① 《刘少奇选集》下卷,人民出版社1985年版,第82页。

② 中共中央文献研究室编:《建国以来重要文献选编》第二册,中央文献出版社1992年版,第467页。

③ 中共中央文献研究室编:《毛泽东年谱(1949—1976)》第一卷,中央文献出版社2013年版,第312页。

④ 王学文:《由"实践论"说到经济工作 学习"实践论"笔记》,《人民日报》1951年2月16日。

理论、司法工作的方面,谈论了《实践论》的理论内涵和现实价值。清华大学、北京大学、中国人民大学等高校也都专门举办过相应的学习讨论会,如中国人民大学的讨论会"特邀北京市各学术机关代表及大学教授三十余人",讨论的议题非常广泛,包括学习"实践论"要贯彻到实际中去、"实践论"与政治经济学、"实践论"是马克思列宁主义政治经济方法论的基础、学习"实践论"对联共(布)党史的几点体会、"实践论"与中国历史科学、学习"实践论"与研究中国新民主主义革命史等。① 从1953年4月开始,全国高校重新对"两论"进行了系统的、有组织学习,北京高校在这次系统学习中参与教师达6500余人,这次学习不仅进一步使教师们系统认识了马克思主义认识论和矛盾法则的基本观点,而且这次对"两论"的学习还有一个特别的收获,即改变了很多教师对马克思主义理论的"模糊"认识,认识到"马克思列宁主义理论是革命斗争的指南","是正确地反映客观世界的普遍真理","是提高思想指导实际工作的有力武器",因而通过对"两论"的学习也就加深了对马克思主义真理性的把握。② 这些也说明了"两论"作为理论学习文本所具有的重要思想和学术价值。

其次,为纠正错误认识提供理论武器。"两论"的最初发表,就是为了纠正党内存在的错误倾向,用正确的理论来教育广大党员,从而统一全党认识、凝聚革命力量。新中国成立初期,面临国内外的新形势和新任务,我们仍然面临着扫清错误思想影响、树立正确思想方法、避免在建设事业中再出现错误路线的现实任务。因此,作为在批判曾经出现的错误路线、正确总结党的历史经验的基础上形成的哲学理论文本,"两论"在新中国成立初期的重新修改发表,自然也就被赋予了在新形势下进一步扫清错误思想影响、避免发生重大路线错误的现实作用。

---

① 张向毅:《中国人民大学举行"实践论"讨论会》,《人民日报》1951年5月18日。
② 《北京高等学校教师学习〈实践论〉〈矛盾论〉有收获》,《人民日报》1953年9月23日。

对此，《人民日报》社论曾将《实践论》称为"一篇杰出的马克思主义的战斗文献"，指出："毛泽东同志的《实践论》，在思想上所履行的批判的革命的任务……""政治和经济任何工作部门的干部，学术界（包括社会科学和自然科学）都必须认真研究毛泽东同志的《实践论》，用《实践论》的思想来武装自己的头脑，从而正确自己的工作方法和思想方法，提高自己的能力，避免可以避免的错误。"①李达在《"实践论"——毛泽东思想的哲学基础》一文中，也指出"'实践论'是一个极其富有指导意义的革命文献……我们为要保持认识与实践经常一致，少犯错误，那就必须透彻地领会了'实践论'中的革命原理，掌握了'实践论'中的革命原理。"②同时，《矛盾论》也被赋予了这样的批判性任务："我们必须在任何时候注意用批评与自我批评来克服在实际工作上和在理论研究工作上的教条主义和经验主义的倾向。这是党的思想工作中的经常的斗争任务。毛泽东同志在十五年前的著作《矛盾论》的重新发表，提供给我们进行这种批评与自我批评的有力的武器。"③此外，"两论"的这种现实意义，有时候还与批判资产阶级思想和小资产阶级思想联系在一起，胡绳曾指出，"毛泽东同志的光辉哲学著作《矛盾论》正是把马克思列宁主义的辩证法理论当作无产阶级的革命武器而加以阐发的。"④"在近代中国资产阶级和小资产阶级的思想界里面，流行过各种形式的神秘主义和经验主义的反动思潮……毛泽东同志的《实践论》的重新发表，对于在思想上扫清这类反动的哲学思潮或其残余，将是具有决定的意义的。""中国原来的进步思潮中也曾经严重地沾染了资产阶级和小资产阶级思想界那种浮夸的作风，开花而不结果。毛泽东同志的《实践论》的重新发表，也就要和那种浮夸的作风作战。"⑤

① 《学习毛泽东同志的〈实践论〉》，《人民日报》1951年1月29日。
② 李达：《"实践论"——毛泽东思想的哲学基础》，《人民日报》1951年2月1日。
③ 《学习〈矛盾论〉，克服教条主义与党八股的作风》，《人民日报》1952年4月24日。
④ 胡绳：《马克思主义辩证法的科学性和革命性——学习〈矛盾论〉笔记》，《人民日报》1952年9月1日。
⑤ 《学习毛泽东同志的〈实践论〉》，《人民日报》1951年1月29日。

由此可见,同它们在革命时期曾发挥过批判性作用一样,"两论"在新中国成立后仍然被赋予了批判性、革命性的现实任务。不过,无论是初次发表还是新中国成立后的重新发表,"两论"在这方面的作用都有着同一个中心任务,那就是将马克思主义基本原理同中国具体实际相结合,坚持用马克思主义的根本立场、观点、方法来指导中国的革命和建设事业,遵循而不抛弃、运用而不照搬。这是对待马克思主义的正确的态度,也只有这样才能真正坚持和发展马克思主义。在新中国成立后逐步确立马克思主义指导地位的过程中,这一原则同样适用。由此可见,"两论"的这一批判性任务并非目的,而是手段,其真正的目标指向在于提高全体党员和全国人民的马克思主义理论水平,并用正确的、发展着的马克思主义来指导新中国的各方面建设事业。

最后,为推进学术革命提供科学方法。在学术理论工作中,确立马克思主义指导地位这一核心任务,不单是名义上的确立,而是强调实际运用。只有这样,才是真正的确立马克思主义的指导地位。"两论"重新发表前后,国内学术界已在全国理论学习的大潮中,开始了以社会主义发展史为切入口和主要内容的历史唯物主义教育,并在学习中逐步明晰了唯物史观的指导方向。著名作家丁易曾将学术上的这种成就概括为:"为人民服务的思想"和"理论与实际一致"的风气普遍建立起来了,特别是"在学术界也成为所有学术工作者所追求的目标"。① 在此基础上,国内学术界进一步的具体任务,就是将马克思主义唯物论和辩证法具体地运用到各学科的研究和宣传之中。而"两论"因其更加贴合中国实际,对我们的实际工作更具理论指导价值,自然就承载了这样的使命。

对"两论"的这一使命,《人民日报》社论有着清晰的表述:"毛泽东同志的《实践论》……的重新发表,就是马克思主义理论界的一件大事,应

---

① 丁易:《一年来文教观感》,《新建设》第三卷第4期,1951年1月1日。

该引出中国的一个理论新高潮。"①"毛泽东同志的《实践论》,正是我们宣传唯物论的伟大旗帜,它给我们指出了如何按照唯物论的道路去从事学术革命的工作。""只要我们真正能够领略《实践论》的深刻思想,并认真地把它转化为学术的实践,那末,中国学术界将出现伟大的成果,那是完全是可以预卜的。"②

关于"两论"对学术工作的这一功能,学术理论界有着明确的认识和实际的响应。如艾思奇将"两论"称为"具体分析事物的科学方法",认为应该在实际工作和理论研究中加以贯彻:"毛泽东选集的出版,《实践论》和《矛盾论》的重新发表,对于全党、对于全国革命工作和理论研究工作干部的马克思列宁主义学习和辩证唯物论的学习,是一个伟大的推动力。我们应该借此学习的机会,进一步努力来提高自己的马克思列宁主义思想水平,进一步锻炼我们应用唯物辩证法来提出问题、分析问题和解决问题的能力,使我们在今后的革命的实际工作中和理论工作中获得更大的胜利!"③李达曾指出:"在现在,中国人民正面临着一个新兴的时代,一切都随着时代的发展而滋长着。新时代必然带来新事物,因而也就必然产生着新问题。我们为要向前看,为要使主观不落后于客观,为要使思想不落后于实际,为要使思想能与实践相结合,那就必然勇于正确认识新事物,善于解决新问题,不能让认识落后于形势的发展而开倒车,不自觉地堕落为顽固派。毛泽东同志的实践论,正是批判了这一点,指示给我们奋斗的方向。"④

通过上述论述可以清晰地看到,新中国成立初期《实践论》、《矛盾论》的重新发表,承载着为全国理论学习提供重要文献、批判错误思想影响、指导学术研究和实际工作,最终服务于国家各方面建设事业的现

---

① 《学习毛泽东同志的〈实践论〉》,《人民日报》1951年1月29日。
② 《〈实践论〉开辟了我们学术革命的思想道路》,《人民日报》1951年2月16日。
③ 艾思奇:《学习〈矛盾论〉,学习具体分析事物的科学方法》,《人民日报》1953年4月19日。
④ 李达:《"实践论"——毛泽东思想的哲学基础》,《人民日报》1951年2月1日。

实使命。

在此基础上,《新建设》杂志立足自身刊物定位,对学习《实践论》、《矛盾论》也有着清晰的认知和规划。创刊之初,《新建设》杂志就为自己设定了作为共同学习马克思列宁主义、毛泽东思想的"园地"的职责。①改版为学术性月刊后,《新建设》还专门从学术文化发展的角度,指出过学术研究中"还不够活跃,还不能好好地运用马列主义的立场和方法来具体地分析和研究中国现状和中国历史"的问题,所以提出"《新建设》今后应以普及和提高人民学术为基本任务"。② 而"两论"作为毛泽东思想的重要文本,因此也就必然成为《新建设》杂志在学习、阐释、宣传党的基本理论方面的重要内容。

作为学术性月刊,《新建设》杂志在将"两论"作为党的基本理论来进行学习的同时,还特别强调将"两论"的理论观点作为推进学术文化发展的理论基础和方法指导,并且这种认识与上述关于"两论"重新发表的现实指向的几个方面也基本一致。如《实践论》重新发表后不久,《新建设》就刊登社论文章《学习〈实践论〉,提高新中国的学术水平!》,其中列举了"认真学习了"《实践论》的思想收获(对应为全国理论学习教育提供学习文本的作用);指出了研究工作中存在的"'为学术而学术'的主观主义的研究态度"和"生吞活剥马克思主义书籍中的片言只语"的做法,实际上都是"把理论与实践割裂了开来",而"要纠正这些错误",就必须得接受《实践论》中所提倡的"'马克思主义不是教条而是行动的指南'这个真理"(对应为纠正错误认识提供理论武器的作用);指出了"理论和实践的有机统一""是一切理论学习和研究工作的基本指导原则",只有坚持以《实践论》的观点为指导,"才会懂得怎样来研究中国社会历史发展的规律、怎样来研究中国革命的问题","才能更好地展开与新中国的国家生活与社会生活的发展相适应的思想斗争与思想建设的工作,才能使学术

———————————

① 费青:《发刊辞》,《新建设》第一卷第 1 期,1949 年 9 月 8 日。
② 《新建设月刊发刊辞》,《新建设》第三卷第 1 期,1950 年 10 月 1 日。

研究更好地为国防建设和经济建设服务,才能不断地提高新中国的学术水平",“共同推进新民主主义的文化建设”(对应为推进学术革命提供科学方法的作用)。①

概括来讲,《新建设》杂志对学习《实践论》和《矛盾论》的认知,既包含了对其理论内容、理论地位及其学习的重要意义的认识,同时也强调其运用的价值,即将其运用于学术理论研究和新中国建设实践,发挥其作为指导思想和行动指南的作用。

第二节　对学习阐释的深度参与

在对学术使命的自觉认知下,《新建设》杂志积极响应“两论”学习运动,并深度参与其中:开设了“学习《实践论》”和“学习《矛盾论》”专栏,并且将 1951 年 3 月 1 日发行的第三卷第 6 期定为“学习《实践论》特辑”,刊发了大量高水平的学习文本,深入地参与到“两论”学习运动中。据统计,仅在“两论”重新发表后的两年间,《新建设》刊发的“两论”学习文本就近 40 篇(连载的文本不重复计算);这些文本总计 230 多个版面,平均约占各期总版面的 19%,其中第三卷第 6 期(“学习《实践论》特辑”)约占到当期版面的 36%。这些都足见《新建设》对“两论”学习的重视(见表 5-1)。

整体来看,《新建设》关于“两论”学习文本所刊发的内容有三个突出的特点:一是注重对理论内容和意义的通俗化阐释;二是注重对学习效果和学习方法的报道;三是注重对理论观点的实际运用,即注重谈论“两论”理论观点对研究工作和实际工作的指导作用。这三个特点基本契合了学术性、理论性职责的要求。

---

① 《学习〈实践论〉,提高新中国的学术水平!》,《新建设》第三卷第 5 期,1950 年 2 月 1 日。

表 5-1　《新建设》1951—1952 年间关于"两论"学习的文本

期号	时间	作者	文本
第三卷 第 5 期	1951.2.1	毛泽东	《实践论》
			《学习〈实践论〉,提高新中国的学术水平!》(社论)
		李达	《〈实践论〉——毛泽东思想的哲学基础》
第三卷 第 6 期	1951.3.1		《〈实践论〉开辟了我们学术革命的思想道路》 (转载《人民日报》文章)
		李达	《〈实践论〉解说》(连载至第四卷第 3 期)
		王亚南	《〈实践论〉的认识》
		冯友兰	《〈实践论——马列主义底发展与中国哲学传统问题底解决》
第三卷 第 6 期	1951.3.1	侯外庐	《〈实践论——中国思想史(知行关系)的科学总结》
		王学文	《由〈实践论〉说到经济工作》
第四卷 第 1 期	1951.4.1	北大 哲学系	《从西方哲学认识论的批判来学习〈实践论〉》
		郭大力	《〈实践论〉——政治经济学的道路》
		中国新哲学研究会	《学习毛主席的〈实践论〉》(连载至第四卷第 2 期)
		艾思奇	《毛泽东同志发展了真理论》
第四卷 第 2 期	1951.5.1	何思敬	《伟大历史工程底伟大哲理》
		王思华	《学习〈实践论〉,克服经验主义!》
		中国新法学研究会	《〈实践论〉与新法学》(连载至第四卷第 3 期)
		何其芳	《〈实践论〉与文艺创作》
第四卷 第 3 期	1951.6.1	沈志远	《〈实践论〉的意义及其基本观点》
		白拓方等	《实践论》学习心得 5 篇

续表

期号	时间	作者	文本
第四卷 第4期	1951.7.1	李达	《怎样学习〈实践论〉》
		谢觉哉	《〈实践论〉与民政工作》
		华岗	《〈实践论〉的基本精神》
第四卷 第5期	1951.8.1	潘梓年	《学习〈实践论〉与改进革命工作的方法》
		金岳霖	《了解〈实践论〉的条件》
第四卷 第6期	1951.9.1	艾思奇	《〈实践论〉与关于哲学史的研究》
第五卷 第1期	1951.10.1	陈其瑗	《从变革实践中我对于〈实践论〉的认识》
1952年 5月号	1952.5	千家驹	《读〈矛盾论〉——联系到对中国资产阶级的认识问题》
		荣孟源	《〈矛盾论〉对历史科学工作的指示》
		陈元晖	《〈矛盾论〉——毛泽东同志对唯物辩证法底实质所作的天才的概括》
1952年 6月号	1952.6	艾思奇	《从〈矛盾论〉看辩证法的理解和运用》
		杨奎章	《〈矛盾论〉对中国资产阶级问题的启示》
1952年 7月号	1952.7	李达	《〈矛盾论〉解说》（连载至1953年1月号）
1952年 8月号	1952.8	沈志远	《〈矛盾论〉与经济科学》
1952年 9月号	1952.9	黄药眠	《〈矛盾论〉与文艺学》
1952年 10月号	1952.10	王学文	《〈矛盾论〉与财政经济工作》
		胡绳	《马克思主义辩证法的科学性和革命性》
		吴江	《〈矛盾论〉与工农联盟问题》
1952年 11月号	1952.11	马特	《〈矛盾论〉与中国革命实践问题》

首先，《新建设》杂志对"两论"的理论内容和意义展开了深刻的阐释。《新建设》杂志对党的基本理论的"研究"和"学习"中，"广泛的学

习""尤其"重要①。这与新中国成立初期宣传普及党的基本理论的历史任务、与《新建设》"普及与提高人民学术"的职责定位一脉相承。而要真正实现党的理论的普及化，不仅需要对理论"概念"作一般意义上的宣传介绍，更需要对这些"概念"中所蕴含的基本观点和内在逻辑作出通俗化的理论解读，以使这一理论体系真正深入人心并得到人民大众的认可与遵守。只有真懂了，才能够真信和真行。毛泽东在给李达的信中也曾提到，"关于辩证唯物论的通俗宣传，过去做得太少，而这是广大工作干部和青年学生的迫切需要，希望你多多写些文章"②；"在再写文章时，建议对一些哲学的基本概念，利用适当的场合，加以说明，使一般干部能够看懂。要利用这个机会，使成百万的不懂哲学的党内外干部懂得一点马克思主义的哲学"③。刘少奇在全国第一次宣传工作会议上也指出，在理论教育方面"要运用好各种宣传工具"，"特别要增加适合于工农劳动群众的宣传教育工具"④。所以，对于"两论"的基本理论内容的通俗化、理论化阐释和宣传，就显得十分重要而且迫切。结合上文所述，对党的基本理论进行学术性、理论性的阐释，本身就是《新建设》所承载的主要职责和杂志发挥阐释宣传作用的重要体现。

《新建设》杂志不仅认识到了对"两论"内容进行通俗化理论阐释的现实需要，而且对这项职责也十分重视。它拿出了大幅版面，通过约稿组稿等方式，刊发了大量关于"两论"的理论内涵的通俗化解读文章。其中最具代表性和影响力的，就是李达所撰写的《〈实践论〉解说》（四期连载）和《〈矛盾论〉解说》（七期连载）。这两篇文章的"原文+对应解说"的形式，对"两论"的基本理论观点、内在逻辑进行了逐段的通俗化阐释。这为广大读者快速、全面、准确地理解"两论"的核心观点和思想内涵提

①　张志让：《探求新知批判利用旧学与大学教育前途》，《新建设》第一卷第1期，1949年9月8日。
②　中共中央文献研究室编：《毛泽东书信选集》，中央文献出版社2003年版，第375页。
③　中共中央文献研究室编：《毛泽东书信选集》，中央文献出版社2003年版，第449页。
④　《刘少奇选集》下卷，人民出版社1985年版，第82页。

供了极大的便利。

而且,《新建设》杂志为促成这些理论解说文本的顺利发表,做了大量的沟通工作。比如为了能够推动李达的《〈实践论〉解说》和《〈矛盾论〉解说》的完整刊发,《新建设》进行了周密的沟通协调工作。《矛盾论》于 1951 年 4 月 1 日重新发表后,陶大镛曾密集地致信李达约稿、催稿并商讨登载事宜,但彼时李达正忙于领导湖南大学的"三反运动和思想改造"及其他校务工作,所以直到 6 月 1 日才开始写,而且"每天顶多抽两三点钟来写,有时一连两三天抽不出时间来",因此原计划《矛盾论》"准在九月底解说完竣",后来推迟到"十一月内"完成,再之后又因李达"突击任务太多,而旧病胃溃疡加剧,以致不能如期完成任务",剩余任务"要等到下月(指 12 月)才能续写",李达还因此出于歉意而建议之后的稿子"可以不必在新建设续登了"。① 不过,《新建设》实际上一直连载到 1953 年 1 月号,最终完整地刊发了李达的《〈矛盾论〉解说》全文。陶大镛与李达就"两论"解说稿事宜的密切往来,李达因多方原因一再推迟计划但《新建设》最终实际完整的登载,都说明了《新建设》对这两篇理论性的解说稿的高度重视。

同时,通俗化的解说是为了大多数人能够快速掌握理论内涵,因此读者对解说稿的接受度和意见就显得十分重要。《新建设》杂志注意到了这一要求,所以会有意地收集读者对刊发文章的意见,并发给作者以作参考和交流。比如《新建设》曾将读者对"两论"解说的意见发给李达参阅,以便于其在后续解说中及时吸收改进,并向读者答复。这在李达给陶大镛的信中就有明确的记录:

> 我现在准备把全稿(指《〈实践论〉解说》)修改一次,请您(指陶大镛)把各方读者来信所反映的意见转告,以作修改时的参考。

> 承寄来"读者意见"数张,我都看过了,其中有三则意见,我分别

---

① 李达:《致陶大镛》(1952 年 7 月 12 日、1952 年 8 月 12 日、1952 年 10 月 16 日、1952 年 11 月 14 日),《新建设文献资料(楚图南、陶大镛)》,2019 年。

解答附上,请为转致。此后读者如有意见提出时,请费神检出寄下
为盼。

　　你希望我提早写这篇东西(指《怎样学习〈矛盾论〉》一文)寄上
凑凑,但若潦草的写出来,是不能满足读者的,让我把这篇延到十月
里来写吧。①

除"两论"解说稿外,《新建设》还约请和刊发了哲学社会科学领域相
关学科的理论大家所撰写的"两论"解说性文章,如李达的《〈实践
论〉——毛泽东思想的哲学基础》、冯友兰的《〈实践论——马列主义底发
展与中国哲学传统问题底解决》、侯外庐的《〈实践论——中国思想史(知
行关系)的科学总结》、何思敬的《伟大历史工程底伟大哲理》、沈志远的
《〈实践论〉的意义及其基本观点》、华岗的《〈实践论〉的基本精神》、艾思
奇的《从〈矛盾论〉看辩证法的理解和运用》、马特的《〈矛盾论〉与中国革
命实践问题》。这些文章都从哲学思想的层面对"两论"的理论观点及其
意义进行了详细的阐释。这样的阐释便于广大读者对"两论"的理论内
涵作出系统、深刻的了解。此外,为满足读者需求,《新建设》杂志社还将
刊发的"两论"学习文本出版了单行本,分别为《学习实践论》两辑、《学习
矛盾论》两辑。

　　其次,《新建设》杂志对学习"两论"过程中的效果和方法给予了广泛
的报道。这里说的学习效果和方法,主要指的是对"两论"理论内容的直
接学习,而关于谈论"两论"与学术研究及现实工作的关系的文本,则放
在"对理论观点的运用性文本"中加以评述。直接谈论"两论"学习收获
的文本,既谈到了学习的思想收获,即学习效果,也谈论了如何有效地学
习,即学习方法。

　　第一,谈论学习效果,主要是反映各地、各机关学习"两论"的基本情
况。第四卷第3期专门设置了"学习心得"栏目,刊发了5篇关于《实践

---

　　① 李达:《致陶大镛》(1951年4月30日、1951年5月9日、1952年9月3日),《新建
设文献资料(楚图南、陶大镛)》,2019年。

论》的学习心得,此外还包括北京大学哲学系的《从西方哲学认识论的批判来学习〈实践论〉》、中国新哲学研究会的《学习毛主席的〈实践论〉》、陈其瑗的《从变革实践中我对于〈实践论〉的认识》等。

从稿件来源来看,上述 8 篇心得的作者分别来自长春东北人民大学、唐山市总学委会、广东省财政厅、青年团中央办公室、北京大学(2 篇)、中国新哲学研究会、政务院。这说明,《新建设》杂志十分关注文教机构和政府机关及其工作人员对"两论"理论观点的学习效果。一方面,这与《新建设》刊物的学术性定位及其编辑、主要作者群、主要读者群的特点有关。如前所述,对《新建设》的作者队伍以文化教育界的知识分子为主要代表,特别是哲学社会科学领域的知识分子,其读者群则涵盖了党政机关、学校等单位。另一方面,也是更重要的,是因为这两类单位的人员主要为知识分子和公职人员,他们分别承担着传承思想、培养人才和执行政策的直接任务,他们对"两论"的理论内涵和内在逻辑的掌握情况,将直接影响党的指导思想和基本理论能否顺利地被普及和真正接受,并在实际工作中被遵循和正确运用。因此,对这些人员进行党的基本理论和政策的学理阐释,就显得尤其重要,同时也就成为《新建设》承担起学术性使命的一个重要表现。

从理论学习心得的具体内容来看,主要谈论对《实践论》理论观点认识和学习者思想上的收获,而且这样的文本中也包含着丰富的学术理论味道。如中国新哲学研究会和北京大学哲学系的两篇文本,虽然是谈学习体会,但实际上是两篇学术分量很重的理论性文本,它们从中国哲学传统问题(即"知"和"行"的关系问题)和西方哲学认识论发展的角度,来谈论《实践论》的理论价值和现实意义。《实践论》重新发表后,中国新哲学研究会举行了多次学习座谈会。前一篇文章是中国新哲学研究会1951 年 1 月 28 日、2 月 11 日两次召开学习《实践论》座谈会的记录。座谈会由艾思奇主持,冯友兰、金岳霖、任华、朱光潜、樊弘、朱启贤、汤用彤、郑昕等人参会并发言。1 月 28 日座谈会主题主要是针对冯友兰的《〈实践论——马列主义底发展与中国哲学传统问题底解决》来谈对《实践论》

的认识,2 月 11 日的座谈会延续 1 月 28 日座谈会的话题,并且围绕北京大学哲学系的发言(即上面所说的北京大学哲学系的文章)展开讨论。与会者发表了对《实践论》基本观点及对中国传统哲学中"知"、"行"关系的认识,认为《实践论》中所理解的"实践"与"认识"问题,不能直接等同于中国传统哲学中"知"与"行"的问题;艾思奇在总结发言中表达了毛泽东的《实践论》"发展了马列主义"的观点,并且指出毛泽东创作《实践论》"是为了要从哲学上,认识论上肃清革命运动中的不正确的思想",它"总结了革命经验,反过来又为革命服务","学习了这篇文章以后,可以拿它作为武器,批判历史上的错误思想。批判过去乃是为了现在"。① 后一篇是北京大学哲学系根据其参加 1951 年 2 月 11 日座谈会的发言修改而成,文章主要论述了"《实践论》是马克思主义哲学的认识论","是辩证唯物论的认识论的系统的说明,是辩证唯物论的认识论的进一步发展";批判了"唯理论与经验论在认识论上的错误",并且重点反驳了康德、黑格尔、费尔巴哈等人在认识论上的谬误,以及"美国实用主义的错误及其反动性"。② 《新建设》杂志对这两篇文章的登载,不仅是对学术理论界学习《实践论》的直接性报道,而且也充分体现了其对学术理论的强烈追求。

第四卷第 3 期"两论""学习心得"专栏的 5 篇文章,虽然篇幅不长,但也颇具代表性。它们大致上传达了这样的两层意思:一是在对理论内涵的认知上,认识到"《实践论》是关于辩证唯物论的认识论之伟大发挥",它科学阐述了认识的来源、发展过程及对现实的指导意义;学习《实践论》"真正地使自己在认识上提高了一步,开始从根本上理会到马列主义'知'与'行'的关系","批判了从前'理论上明白'就是'感情上不能接受'的唯心看法",阐述并澄清了能"讲道理"但是"不能'做'"的思想困

---

① 《学习毛主席的〈实践论〉》,《新建设》第四卷第 1 期,1951 年 4 月 1 日;第四卷第 2 期,1951 年 5 月 1 日。

② 北京大学哲学系:《从西方哲学认识论的批判来学习〈实践论〉》,《新建设》第四卷第 1 期,1951 年 4 月 1 日。

惑。二是在对理论指导行动上,明确提出毛泽东的《实践论》中的哲学思想,可以并且应该用来指导理论研究和实践工作,而且指出"接受《实践论》的思想指导,便可以完全免除"把理论"看成死的、苦涩难懂的抽象概念堆积的那种认识偏向",从而理解理论"原来是活的、反映历史现实发展的、指导革命行动的科学知识",从而调动我们"创造性的能动作用",所以"我们应以《实践论》中所阐明的哲学思想,作为深入地研究"理论的基础;《实践论》中所指出的"认识的公式,对日常工作也提供了科学的工作方法",它"要我们重视调查研究和检查工作"。① 可见,《新建设》杂志刊登的谈论"两论"学习收获的文章,不仅是对理论内涵本身的认知,而且是对用这个理论来纠正错误认识、指导实践工作的实际功能的把握。而这种思想上的认知和把握,都是以理论化阐释为支撑的。因此这不仅契合了"两论"重新发表所承载的作为理论学习文献、批判错误思想、推进学术革命的现实使命,同时也是《新建设》发挥学术性作用的重要体现。

第二,谈论学习方法,主要指阐述学好《实践论》需要具备的条件和适宜采用的方法,以为学习提供方法或路径上的参考。比较有代表性的是李达的《怎样学习〈实践论〉》、潘梓年的《学习〈实践论〉与改进革命工作的方法》和金岳霖的《了解〈实践论〉的条件》。

李达的《怎样学习〈实践论〉》实际上是"作为《〈实践论〉解说》序言"而撰写的。②《怎样学习〈实践论〉》中,不仅指出了学习《实践论》的必要性,强调"科学、哲学和文艺工作者"都要学习《实践论》,而且还指出了学习《实践论》的七个方法:一是"要端正学习的态度",即"站稳工人阶级和革命人民的立场";二是"要在实践中去学习",即为实践而学习《实践

---

① 《学习心得》,《新建设》第四卷第 3 期,1951 年 6 月 1 日。

② 另外,在撰写《〈矛盾论〉解说》期间,《新建设》还曾多次向李达约稿,请他写《怎样学习〈矛盾论〉》一文,李达也表示"《怎样学习〈矛盾论〉》一文,我是一定要写的",但是由于身体和校务工作繁忙的原因,一直拖到 1953 年 10 月也没有完成。参见李达:《致陶大镛》(1951 年 5 月 9 日,1952 年 9 月 3 日,1953 年 10 月 10 日)。

论》；三是要联系实际学，即"从实际出发，了解情况，掌握政策"；四是要善于"总结经验，'使经验带上条理性，综合性，上升为理论'"；五是要"坚持真理，修正错误"，即"思想要与实际相一致"，"随时针对实际情况，改进自己的工作方针"；六是要"学习怎样认识世界，怎样改造主观世界即怎样改造自己的认识能力"；七是要"学习马、恩、列、斯、毛的著作"，即"须作系统的理解的钻研"。最后拟定了"学习提纲"。① 这篇文章按照必要性、方法、内容的思路来构思，为学习者提供了清晰而全面的方法论指导。

潘梓年的《学习〈实践论〉与改进革命工作的方法》，从学习《实践论》的目的性的角度来分析，认为"我们学习《实践论》，一方面学习如何正确的认识，一方面也是为了把工作做好"，从这个目的来说，"要学好《实践论》，必须要弄清楚两个重要的问题：首先要掌握《实践论》的阶级性"，弄清楚"我们是为了工人阶级的利益来改造世界"；其次要掌握"感性知识与理性知识"的关系，还要"把我们自己懂得的道理，使群众都能懂得，事情才能办得下去"。② 金岳霖的《了解〈实践论〉的条件》，从学习《实践论》应坚持联系实际的角度，认为联系"解放后的社会实践"，包括思想改造的实践，是学好《实践论》的"先决条件"；同时，"学习《实践论》，要用《实践论》里所说的道理去学习"，这个道理就是实践、认识的循环往复过程。③ 比较而言，潘梓年的文章更强调学习《实践论》的阶级性和目的性，金岳霖的文章更强调学习《实践论》要联系实际的条件性，虽然侧重点不同，但他们都抓住了《实践论》中"理论联系实际"的核心要义，并把这一核心观点运用于《实践论》的学习中，为更加全面深入学习"两论"提供了视角和方法上的参考。

最后，《新建设》杂志对"两论"中理论观点的运用展开了有力论证。

---

① 李达：《怎样学习〈实践论〉》，《新建设》第四卷第 4 期，1951 年 7 月 1 日。

② 潘梓年：《学习〈实践论〉与改进革命工作的方法》，《新建设》第四卷第 5 期，1951 年 8 月 1 日。

③ 金岳霖：《了解〈实践论〉的条件》，《新建设》第四卷第 5 期，1951 年 8 月 1 日。

X 《新建设》与新中国成立初期的理论学习
IN JIANSHE YU XIN ZHONGGUO CHENGLI CHUQI DE LILUN XUEXI

X 《新建设》与新中国成立初期的理论学习
IN JIANSHE YU XIN ZHONGGUO CHENGLI CHUQI DE LILUN XUEXI

这里说的"运用",既包括指导学术研究工作,将"两论"中的理论观点运用到学术研究,特别是史学、哲学、经济学、法学、文艺学等哲学社会科学的研究中,使之成为科学研究的普遍性理论基础和指导方法;也包括指导实际工作,以其中的理论观点来阐述和指导某方面的实际工作,使之成为正确认识和执行工作政策、提高工作效率的行动指南。

第一,在哲学社会科学研究中的运用。这类文章主要涉及史学、哲学、经济学、法学、文艺学等学科。关于"两论"与历史学研究,《新建设》刊登了荣孟源的《〈矛盾论〉对历史科学工作的指示》,该文从宇宙观和方法论的层面分别阐述了《矛盾论》对历史研究的指导意义:"指示我们历史工作者学习唯物辩证法的宇宙观,指示我们站稳无产阶级的立场才能有唯物辩证法的宇宙观,指示我们扫除思想中唯心论和教条主义",指示我们在历史研究中要"具体地分析具体的问题",注重"研究矛盾的各种不同平衡情况"。他还大量征引了毛泽东在《矛盾论》中的论述,来具体说明矛盾的观点在历史研究中的方法启示,并且在每条方法启示下对应地列举了历史研究的具体案例来加以印证。①

关于"两论"对哲学研究的重要启示,《新建设》刊登了艾思奇的文章,其中重点阐述了"《实践论》所充分解决了的,就是如何在我们的变革实践的行动中来克服主观盲目性的问题","就是从思想方法上来解决今天无产阶级历史地所担当的'正确地认识世界与改造世界的任务'的问题"。"就哲学研究工作来说","一方面是要借《实践论》的学习来克服我们哲学研究工作本身由于资产阶级和小资产阶级思想影响所造成的盲目性,另一方面又要使我们的研究有助于各部门的革命工作者来掌握这克服盲目性的科学武器"。② 这里实际上还指出了学术理论研究之于改造世界实践的作用,这既是《实践论》所承载的现实意义,推而广之,也是学术工作特别是哲学社会科学的使命所在。

---

① 荣孟源:《〈矛盾论〉对历史科学工作的指示》,《新建设》1952 年 5 月号。
② 艾思奇:《〈实践论〉与关于哲学史的研究》,《新建设》第四卷第 6 期,1951 年 9 月 1 日。

关于"两论"对经济学研究特别是政治经济学研究的理论启示,《新建设》刊登了郭大力、沈志远等人的文章。其中,郭大力的文章着重分析了"政治经济学的思想发展,就是《实践论》里面包含的真理的最确实的证明——'理论的基础是实践'",但是,"有志于经济理论工作的人学习《实践论》,任务还不仅是由经济理论,来证明《实践论》的真理;更重要的,是实践地,把这个真理应用到政治经济学的理论研究上面来",而"着重实践,把实践放在第一位"就是提供给经济学研究的主要启示。① 沈志远的文章详细阐述了"一切包括在矛盾法则中的重要原则和法则,都是研究、分析和认识经济现象的科学方法,是发见、分析和解决经济问题的科学方法",并且举出了使用这一方法的具体例证,最后号召"经济学者必须依据《矛盾论》(以及《实践论》)所阐发的一切原理和法则作为指针,去研究新中国经济领域中'那些尚未深入研究过的或者新冒出来的具体的事物'和具体的问题","研究并解决祖国的伟大经济建设的一切重要问题"。②

关于"两论"与法学研究的启示。中国新法学研究会于 1951 年 4 月 1 日、15 日两次召开学习《实践论》座谈会,座谈会由谢觉哉主持,何思敬、芮沐、张志让等人参加。《新建设》将座谈记录以《〈实践论〉与新法学》为题给予刊登,其中主要谈论的是如何以《实践论》的思想观点和方法来指导法学研究和司法工作。在法学研究方面,提出"法学是一个研究政权工作的学问。研究法学的人有这样的一个重要而且神圣的任务,就是:实现人民的意志",《实践论》所揭示和倡导的"阶级性"和"实践性",恰恰是研究法学的人需要特别注意的。③

此外,在"两论"对文艺研究的启示方面,《新建设》刊登了黄药眠的

① 郭大力:《〈实践论〉——政治经济学的道路》,《新建设》第四卷第 1 期,1951 年 4 月 1 日。

② 沈志远:《〈矛盾论〉与经济科学》,《新建设》1952 年 8 月号。

③ 中国新法学研究会:《〈实践论〉与新法学》,《新建设》第四卷第 2 期,1951 年 5 月 1 日。

《〈矛盾论〉与文艺学》，其中指出《矛盾论》"所揭示的矛盾诸规律是贯穿于一切自然和社会现象的基本规律"，把它"应用到许多特殊的科学部门，把它和特殊的研究对象结合起来，用以丰富毛主席的理论乃是所有从事于学术工作的人所应该作的事情"，并且从理论上具体分析了把矛盾规律运用于文学人物塑造、"观察人物描写人物"、"反对资产阶级和小资产阶级的文学思想"、"反（对）文学上的公式主义"等具体文艺学问题中的启示和方法，阐明了矛盾论观点对文艺创造的理论指导意义。①

第二，在实际工作中的运用。这类文章主要涉及财政经济工作、统计工作、民政工作以及文艺创作等方面。王学文曾在《新建设》上分别发表过"两论"与经济工作的文章。其中，《由〈实践论〉说到经济工作》一文指出，"毛泽东同志的《实践论》，是我们理论学习的最好教材之一，在认识论、思想方法上，给我们以正确的、深刻的、宝贵的指导"，同时根据实践和认识的关系原理，指出"中国新民主主义经济建设与马列主义经济思想的中国化有密切不可分离的联系"，二者之间存在着实践与认识的"长年不断的交互作用"，"新民主主义经济理论，如其他马列主义理论一样，是从实际中来又要回到实际中去"。②《〈矛盾论〉与财政经济工作》一文，列举和分析了《矛盾论》给财政经济工作提供的具体"指示"：矛盾的普遍性指示我们，"矛盾与问题存在于一切财政经济工作之中"，所以要纠正那种否认财政经济工作中存在矛盾的"官僚主义和形式主义"错误，只有这样才能揭示、正视矛盾并找到解决矛盾的办法；具体问题具体分析的法则指示我们，对于新民主主义经济的不同成分，要"按其具体情况与其所具有的矛盾，采取各种具体办法"；"研究问题，忌带主观性、片面性和表面性"的要求指示我们，对财政经济状况"必须作具体的调查"，了解"复杂的、多方面的情况"，"找出解决具体矛盾的办法"；主要矛盾和矛盾的主要方面的原理指示我们，在财政经济工作中要善于把握"工人

---

① 黄药眠：《〈矛盾论〉与文艺学》，《新建设》1952年9月号。
② 王学文：《由〈实践论〉说到经济工作》，《新建设》第三卷第6期，1951年3月1日。

阶级与资产阶级间的矛盾为主要矛盾"，还要善于抓"生产"、"商业"这样的中心环节，从而"带动其他经济环节"等。① 另外，王思华的《学习〈实践论〉，克服经验主义!》还着重从《实践论》的思想方法出发，阐述了《实践论》"的主要目的，是用马列主义的认识论的观点，克服主观主义(教条主义与经验主义)的错误"。对于"国民经济计划工作"这项"很复杂的"、"崭新的"的工作来说，当时也存在"经验主义"的错误，如"不愿意学习""新的知识和方法"，习惯依靠"过去的经验"来解决问题，不愿意对新形势、新情况做调查研究，"习惯于'估计'，满足于'差不多'"，而学习和运用《实践论》有助于克服上述错误。②

　　在用"两论"的观点来指导民主建政或处理阶级关系等工作上，《新建设》刊登了多篇文章。其中，《新建设》刊登的谢觉哉在城市救济工作会议上的讲话节录，根据实践和认识的关系的原理，简要分析了我们对于中国革命道路和政权组织的认识随历史实践而不断深化完善的过程，指出"实践，认识;再实践，再认识! 每个同志都应掌握这规律"。③ 杨奎章的《〈矛盾论〉对中国资产阶级问题的启示》，其中详细论述了在"三反""五反"运动正在开展的时候，《矛盾论》的重新发表对我们"正确认识与掌握资产阶级问题，给予非常宝贵的启示与指导"，同时据此分析了工人阶级与资产阶级的矛盾的普遍性，以及中国工人阶级与资产阶级的矛盾的特殊性，提出了要用矛盾论的观点来正确认识和解决中国工人阶级与资产阶级的关系。④ 吴江的《〈矛盾论〉与工农联盟问题》，结合《矛盾论》的基本观点，阐述了"在处理工农矛盾这个问题上，应该强调其统一性，而不应强调其斗争性。当然，强调其统一性，也正是为了正确地处理与解决与其斗争性方面，即从联合中达到改造的任务"。⑤

---

　　① 　王学文:《〈矛盾论〉与财政经济工作》，《新建设》1952 年 10 月号。

　　② 　王思华:《学习〈实践论〉，克服经验主义!》，《新建设》第四卷第 2 期，1951 年 5 月 1 日。

　　③ 　谢觉哉:《〈实践论〉与民政工作》，《新建设》第四卷第 4 期，1951 年 7 月 1 日。

　　④ 　杨奎章:《〈矛盾论〉对中国资产阶级问题的启示》，《新建设》1952 年 6 月号。

　　⑤ 　吴江:《〈矛盾论〉与工农联盟问题》，《新建设》1952 年 10 月号。

在用"两论"的观点来指导文艺创造工作上,何其芳的《〈实践论〉与文艺创作》首先指出了在文艺创作方面存在"作品的思想性和艺术性""不高,而且许多作者苦于不能提高"的问题,而"文艺作品的思想性与艺术性,和人的一般认识一样,也是来源于实践而又服务于实践的",因此"学习《实践论》,我们就可以从马列主义的认识论来更进一步地研究这些问题",从而为解决这些问题提供思想方法上的指导。①

从以上这些文本不难看出,它们对"两论"学习有两点共同的认识:一是认可"两论"的哲学思想是学术研究和各方面建设实践的"思想方法"或"科学方法",它们对纠正以往学术研究和实际工作中的各种唯心的或形而上学的错误、推进学术研究和实际工作新发展具有重要的指导意义;二是无论何种学科,学术研究须要面向现实、联系实际,保有为人民服务、为新中国建设事业服务的现实关怀,在分析问题、解决问题时真正地联系中国具体实际并运用好这些思想方法,以学术研究的新发展为新中国经济、政治、文化、国防建设等服务。这种鲜明的思想导向和实践导向,即通过对理论内容和对理论实际价值的阐述和分析,更好地服务于党确立基本理论指导地位并运用这个理论去指导学术研究和建设实践,恰恰是《新建设》杂志对学术性使命的切实践行。

第三节 学习阐释文本的现实影响

《新建设》关于"两论"学习的文本不仅受到中国共产党和毛泽东等人的密切关注,而且也产生了重要的思想影响和现实效应,对推进马克思列宁主义和毛泽东思想的学习普及、推动新中国学术文化发展、服务新中国建设起到了积极的作用。

首先,《新建设》所刊"两论"学习文本加速了当时的理论学习和普

---

① 何其芳:《〈实践论〉与文艺创作》,《新建设》第四卷第 2 期,1951 年 5 月 1 日。

及。如前所述,为便于理论的普及,《新建设》对"两论"学习的相关文章,十分注重其理论化、通俗化阐释的要求。这种理论化、通俗化阐释的特点,使其受到学术界、政界及社会其他领域读者的广泛关注。毛泽东也曾肯定过《〈实践论〉解说》的这个特点,指出"《解说》的第一部分也在刊物(指《新建设》)上看到了。这个《解说》极好,对于用通俗的言语宣传唯物论有很大的作用。待你的第三部分写完并发表之后,应当出一单行本,以广流传"①。在毛泽东的上述建议下,为适应全国理论学习的需要,便于更广泛的学习,《新建设》还将"两论"学习的相关文本汇编成册,作为"新学术小丛书"的一部分出版了单行本,具体出版和发行情况见表5-2。

表5-2　《新建设》关于"两论"学习文本单行本的出版发行情况

书名	版次	时间	印数(册)
《学习〈实践论〉》第一辑	初版	1951年4月5日	1万
	再版	1951年9月1日	0.65万
	三版	1951年12月20日	0.5万
	四版	1952年2月5日	0.5万
《学习〈实践论〉》第一辑	初版	1951年8月20日	1万
	再版	1951年12月20日	0.5万
	三版	1952年2月5日	0.6万
《学习〈实践论〉》两辑合订增订本	初版	1952年10月25日	10万
《学习〈矛盾论〉》第一辑	初版	1952年9月25日	15万
《学习〈矛盾论〉》第二辑	初版	1953年4月25日	7万

注:表中的数据来源于各版单行本的版权页。

从表5-2中可以看出各版单行本的总印数达到近40万册。《学习〈实践论〉》第一辑出版后,在一年多的时间里更是再版4次。这充分说明了《新建设》上刊发的"两论"学习文章的社会影响。

———————

① 中共中央文献研究室编:《毛泽东书信选集》,中央文献出版社2003年版,第375页。

　　此外，《新建设》刊发的"两论"学习文本，还被其他报刊转载或出版。如李达对"两论"的解说稿在《新建设》发表后，还"于1951年7月由生活・读书・新知三联书店（以下简称三联书店）仍以《〈实践论〉解说》的书名出版，署名李达，至1978年4月共印行6版"①；"于1953年7月由生活・读书・新知三联书店仍以《〈矛盾论〉解说》的书名出版，署名李达，并于1978年4月再版"。1979年3月，三联书店将上述两书的1978年4月版本进行合订，"以《〈实践论〉〈矛盾论〉解说》的书名出版"②。三联书店出版的这几个单行本经过多次再版和重印，据不完全统计，不含1979年的合订本，《〈实践论〉解说》共印刷8次，仅到第四版时，印数就已到28万册；《〈矛盾论〉解说》至少也有4次重印。

　　仅仅从《新建设》杂志社和三联书店所出的单行本来看，《新建设》刊发的"两论"文本的发行量就在70万册以上。

　　1951年3月，中共中央明确指出理论教育中缺少通俗理论读本的问题。③ 在这种情况下，《新建设》刊发的"两论"文本对改进全国理论教育中缺乏通俗化理论解读文本的问题，推动"两论"的普及化学习，起到了巨大的促进作用，也产生了广泛和长远的社会影响。

　　以上这些不仅说明了中国共产党对"两论"在新中国建设中的实践价值的高度重视，也说明了《新建设》在刊发"两论"学习文本方面所取得的巨大成功。

　　对《新建设》刊发的关于毛泽东思想和"两论"学习文本的积极工作和现实影响，《人民日报》也给予了充分的肯定："自从《毛泽东选集》和《苏联社会主义经济问题》出版以来，该刊（指《新建设》杂志）每期都有学习这两部伟大著作的论文发表，如对于《实践论》和《矛盾论》，该刊特组织专稿子以解说……比较有系统地发表了学习心得和笔记，受到各地

---

① 汪信砚主编：《李达全集》第十六卷，人民出版社2016年版，第283页。
② 汪信砚主编：《李达全集》第十七卷，人民出版社2016年版，第1页。
③ 中共中央文献研究室编：《建国以来重要文献选编》第二册，中央文献出版社版1992年，第125页。

读者的注意"，并且希望《新建设》能够在"认真学习马克思列宁主义及其与中国革命实践相结合的思想"方面"继续稳步前进"。①

其次，《新建设》所刊"两论"学习文本推动了"学术革命"新发展。如前所述，"两论"的重新发表，有着作为推进学术革命深入发展的科学方法的现实功能。而这一时期国内"学术革命""继续深入地前进"的主要任务，"就是要把辩证唯物论和历史唯物论的观点与方法具体地应用于各种学术的部门，认真地从事各种有系统的"研究工作，从而提高学术工作水平。② 作为学术性月刊，在以"两论"观点推动学术革命新发展方面，《新建设》不仅应当深入参与，而且也具有深入参与的强大学术力量支撑。

需要指出的是，《新建设》刊发的"两论"学习文本之所以能够发挥推动学术革命新发展的作用，很大程度上是因为《新建设》就这个主题的文章所约稿的专家，基本都是当时国内各领域的学术理论大家，如李达、胡绳、艾思奇、金岳霖、冯友兰、潘梓年、侯外庐、荣孟源、沈志远、王学文、谢觉哉、张志让、何思敬等，其中李达、艾思奇等还是著名的马克思主义理论家。而且他们大多是清华大学、北京大学、中国科学院等国内学术重镇的研究人员或教员（详见表2-1：《新建设》1949—1956年间主要作者统计），所以他们的文章具有很高的理论水平和代表性。同时，《新建设》广泛联系知识分子、作为知识分子学习交流"园地"的实际地位，也是一个很重要的原因。在创刊和改版时，《新建设》均提出过要将自身作为"共同学习的园地"③，"本刊愿将全部篇幅，贡献给全国追求真理和服从真理的学术工作者。希望全国学术界同人，把本刊当作自己的园地"④。《新建设》的这一自我定位，得到了学术界的认可。如周谷城曾评价说："《新建设》在文教方面的努力，令人钦仰。杂志的内容，符合了中国当前的需

① 吴明：《介绍〈新建设〉杂志》，《人民日报》1953年3月16日。
② 《〈实践论〉开辟了我们学术革命的思想道路》，《人民日报》1951年2月16日。
③ 费青：《发刊辞》，《新建设》第一卷第1期，1949年9月8期。
④ 《新建设月刊发刊辞》，《新建设》第三卷第1期，1950年10月1日。

要。在文化教育方面工作的人,无不认此为自己的园地。"①可见,《新建设》实际上也是当时国内学术工作者交流思想、发表观点的一个学术平台,而这一平台性作用也为《新建设》的"两论"学习文本能够在学术界广泛传播并产生实际影响提供了便利。

其实,在"两论"的理论观点和思想方法的指引下,史学、哲学、经济学、法学、文艺学等社会科学领域都开始了以马克思主义唯物论和辩证法为指导来改造和重塑理论研究工作的任务。如在历史学领域,依据《实践论》中关于感性认识和理性认识的观点②,开始了对以往单纯注重史料挖掘,而不注重从史料中提炼观点、形成史识,或者不注意历史与现实的联系的研究路数的批判,进而强调史家解释和史学功能的治学倾向。著名学者冯友兰曾就由"两论"学习所带来的这一研究转向进行过反思:

> 就学术界说,实践论为学术研究提出了一个唯一正确的方法,同时也为学术研究立了一个唯一正确的标准。学术工作者都应该用这个方法,朝着这个标准。

> 我以前所写的哲学史,只是把各时代的思想家的思想,排列起来,各思想家或各思想派别中间的联系,也叙述了一些。可是所叙述的都是思想上的联系,也就只是表面上的联系……这种看法,完全是脱离实际,专在"知"的范围内打圈子的看法,完全是资产阶级及小资产阶级的知识分子的看法。互相批评与互相讨论的精神是应该提倡的。但是对于哲学的理论,也有一个最高的与最后的标准,以决定其是错误或正确,那就是实践。

> 历史是过去的事,但讲历史是现在的事;现在的事对于现在,不能不发生作用与影响。有了实践以为标准,我们就可以对于过去的思想,作批评与估价。这样的批评与估价,就是历史工作者对于改造

---

① 周谷城:《对〈新建设〉的希望》,《新建设》第三卷第 4 期,1951 年 1 月 1 日。
② 毛泽东:《实践论　论认识和实践的关系—知和行的关系》,《人民日报》1950 年 12 月 29 日。

世界所能起的作用,所能有的贡献。①

甚至农业科学、医学、病理学等自然科学领域,也开始以"两论"的观点来审视本学科的理论和实践问题。②

最后,《新建设》所刊"两论"学习文本客观上对各领域建设事业起到了指导作用。

面向和服务于新中国建设实践是《新建设》杂志的一个鲜明的旨趣。在这一点上,《新建设》的主要职责就是在一定群体中阐释和宣传好马克思列宁主义、毛泽东思想,以及党的方针政策,使之转化为人民大众的理论武器和行动方针,从而推动新中国各领域建设事业发展。而且,"两论"重新发表的最终目的,也是为了给国家建设提供科学的理论方法和思想武器。所以,《新建设》刊发了许多阐释"两论"观点对各方面实际工作的理论指导价值的文章,前文已对这些文章的主要内容作了简要介绍。

而《新建设》所刊发的"两论"学习文本之所以能够对各领域建设事业产生指导意义,一个重要的原因在于《新建设》在组织策划和约稿的时候,就特别注重理论与实际的结合。因此它约请的作者中,很多不仅有较高的学术理论水平,而且在政府机构承担相应的实际工作,如胡绳不仅是哲学家和历史学家,还在中宣部和政务院出版总署任职;谢觉哉、张志让不仅是法学家,还分别在政务院和最高人民法院任职;王学文、沈志远不仅是经济学家,还分别在中宣部和政务院出版总署任职;潘梓年不仅是哲学家,而且长期在党内从事宣传和文教工作(详见表 2-1:《新建设》1949—1956 年间主要作者统计);等等。《新建设》还注重从各地、各领域的工作机构约稿,谈论他们对"两论"学习的认识,如唐山市总学委会、广东省财政厅、青年团中央办公室等。③ 所以他们任职于政府机关、作为政策执行者的身份,使这些以"两论"观点指导各方面实际工作的文章观

---

① 冯友兰:《学习〈实践论〉的收获》,《人民日报》1951 年 3 月 26 日。

② 参见张庆泰:《〈实践论〉和农业科学的改造》,《人民日报》1951 年 3 月 28 日;孙绍谦:《从实践论看医学和病理学》,《人民日报》1951 年 5 月 21 日。

③ 参见《学习心得》,《新建设》第四卷第 3 期,1951 年 6 月 1 日。

点具有了很强的实践基础和现实影响。

此外,有些文章,如李达《〈实践论〉解说》、《〈矛盾论〉解说》的部分稿子在发表前还经过毛泽东亲自审阅,并得到毛泽东的高度赞赏和具体建议。毛泽东在 1951 年 3 月 27 日复信李达,指出"两次来信及附来《〈实践论〉解说》第二部分,均收到了",并提出了对《解说》第二部分的修改意见;此外,毛泽东还对李达所写《〈矛盾论〉解说》提出过具体建议。① 这说明,《新建设》上刊发的"两论"学习文本,特别是李达的两篇解说稿,不仅符合通俗化理论阐释的要求,而且在发表前还得到了毛泽东本人的认可,因此具有了很强的现实意义。这也是这类文章能够被广泛转载、再版并大量发行,从而发挥其指导和推动各领域建设事业发展的作用的重要原因。

小　结

用学术性话语阐释和宣传好党的基本理论是《新建设》杂志的学术性职责的重要体现。而新中国成立初期,"两论"的重新发表具有重要的现实指向。因此对"两论"的学习,就成为在哲学思想层面开展思想教育和理论学习的代表性事件,对于推进学术研究具有重要的理论意义,同时对于在全社会普及和确立党的理论的指导地位也具有重要的现实意义。因此,阐释和宣传好"两论"的理论内涵、内在逻辑及其现实意义,就成为《新建设》杂志承担其学术性职责的重要体现。基于此,本章主要选取"两论"学习这一具体的案例,考察《新建设》杂志对"两论"学习的思想认知、实际行动及其现实影响,来进一步说明杂志的学术性定位及其在当时的背景下所发挥的具体历史作用。

在职责认知上,《新建设》杂志不仅将"两论"作为党的基本理论来进

---

① 中共中央文献研究室编:《毛泽东书信选集》,中央文献出版社 2003 年版,第 375 页。

行学习,而且还特别强调"两论"的理论观点对推进学术文化发展的指导意义。在职责担当上,《新建设》深度参与到"两论"学习之中:经过精心设计和积极推动,刊发了大量"两论"学习的文本,其中既包括阐释"两论"理论内涵的文本和谈论学习思想收获的文本,也包括讨论如何运用"两论"的理论观点来指导学术研究和实际工作的文本。从现实影响的角度来看,《新建设》所刊发的"两论"文本被多次再版、重印、转载,得到学术界和毛泽东等人的关注和肯定,对加速理论学习和普及、运用"两论"的理论观点来指导学术研究和实际工作,都发挥了重要的作用。

第六章 向史而新：以深厚的学理支撑深化理论学习

第一节 关于《新建设》历史定位和作用的认识

第一，《新建设》在创办初期逐步明确了作为学术性月刊的定位，弄清楚刊物定位的实际内涵，是分析其历史作用及其作用方式的前提。对《新建设》杂志的学术性定位，不应该仅将其作为一般的文化现象或专业学术刊物来看待，而应该结合其创刊时的自我职责设定和党中央对它的现实期望来作出恰如其分的评价。

从《新建设》杂志自身来看，它从创刊开始就是站在阐释和宣传党的基本理论和方针政策的层面来规划自己定位的。在创刊之初，《新建设》杂志明确了自身的学术性定位，并且站在学习宣传马克思列宁主义和毛泽东思想、研究阐释新民主主义国家建设方针的层面，为刊物设定了基本职责和主要任务。而且，《新建设》之所以能够作出这样的定位并承担起这样的职责，与其主持者的学术立场密切相关。王艮仲在创刊《新建设》之前，曾创办过至少五种以"建设"为主题的刊物，这五种刊物在对国家建设事业的关注和报道中，有着明确的思想和现实立场。从这五种刊物创刊、停刊到《新建设》的正式创办，其主持者在思想层面逐步由三民主义转向了马克思列宁主义、毛泽东思想，在实践层面逐渐由渐进改良转向了新民主主义革命和建设上来，从而为其承担起阐释宣传党的基本理论和方针政策的职责提供了必要的前提。

从党中央的现实期望来看，《新建设》的创刊与中国共产党对黄炎培和中国民主建国会的职责分工有着密切的联系。新中国成立前后，中国共产党对黄炎培和中国民主建国会提出了代表和团结中国民营实业家及其与之联系的知识分子的职责分工。《新建设》早期主持者王艮仲创立的中国建设服务社，是民营实业者的代表，同时他在办刊的过程联系了一大批知识分子，人事方面的这一特征与中国共产党对中国民主建国会的上述职责分工高度契合。之后在毛泽东和周恩来的支持下，《新建设》得以创刊，而且王艮仲本人还接受周恩来的建议加入中国民主建国会。由此可见，党中央是在团结和争取各阶层人士共同参与新政权建设的具体背景下给予了《新建设》相应的现实期望。同时，基于《新建设》杂志广泛联系知识分子以及这些知识分子在当时所具有的学术地位和社会影响力，中国共产党赋予了《新建设》比一般刊物更高的职责期待，那就是发挥其学术性优势，带头在民族资产阶级及其联系的知识分子中阐释宣传好党的理论和主张，以团结引导他们服务于新中国建设事业。

而且，从《新建设》杂志实际刊登的文本主题来看，大致包括三类：一是对新中国成立初期党的基本理论的学习、宣传、阐释的文章；二是为新中国各领域建设的方针政策和建设领域的现实问题提供理论化阐释的文章；三是报道各地各领域建设成果及经验的文章（多在前两卷中）。很明显，这些文章都是围绕新中国建设的思想理论和路线方针政策而展开的。

因此，对《新建设》杂志的"学术"定位，也不能仅仅按照后来的"学术"观念，将其作为一般的专业学术刊物，而应该从阐释和宣传党的基本理论和方针政策、服务于新中国各领域建设事业的角度来理解。只有这样，才能全面准确地把握《新建设》杂志的学术价值和历史作用。

第二，《新建设》杂志在阐释和宣传党的基本理论和方针政策时，注重用学术话语或学术理论来进行阐释、论证。这种阐释方式最大的现实意义在于通过学术性、理论化的论证，来赋予理论和政策以现实的说服力和解释力,从而使其真正深入人心,发挥对现实的指导作用,并在这个过程中推动理论自身的不断发展完善和政策的不断优化。

　　《新建设》的主要作者群、读者群特征和学术性文本的内涵特征、产生方式,都能够有力地说明这一特点。《新建设》的主要作者群是当时国内哲学社会科学领域的学术理论大家,他们在学术理论界具有举足轻重的地位,是发挥阐释性作用的重要力量。同时,很多作者在职业领域上兼跨学界和政界。这使得他们的文章在宣传党的基本理论和方针政策时,不仅具有明显的学术性特点,而且往往具有鲜明的理论联系实际的特点,从而也就兼具了很强的理论说服力和现实影响力。

　　《新建设》的读者群重点面向理论教育工作者、党政机关干部、知识分子群体,他们分别承担着实施理论教育、执行方针政策、传播思想文化的职能,而要有效承担起这样的职能,就必须深刻把握党的基本理论的精髓和内在逻辑、方针政策的理论依据和现实规律性。因此他们对学习党的基本理论和方针政策的要求更高,不是仅仅作概念上的了解,而是更需要学理上的阐释和论证。读者群这一特征反过来印证了杂志的定位及其发挥作用的主要方式。为此,《新建设》划分了形式多样的学术类板块,在文本选题上侧重于对理论和政策的学术性、理论化文本,在文本内容上表现出重论据分析、重学理阐释、重学术讨论的特点。同时,《新建设》还积极与国内学术重镇和学术大家建立密切联系,多渠道壮大作者群、扩充稿源,以确保学术文本的质量。这些都是其在文本内容上重视理论化阐释的实际表现。

第二节　对新时代理论学习的现实启示

　　作为学术性月刊,《新建设》杂志在阐释和宣传党的基本理论和方针政策方面所发挥的作用,为新时代的理论学习乃至整个宣传思想工作都提供了重要的历史启示。

第一，政治宣传要以学理为支撑，以学辅政、以理服人，以透彻的学理分析阐释好党的基本理论和方针政策。新中国成立初期，无论是开展普遍的理论学习，还是开启各领域建设事业，都需要对党的基本理论和方针政策进行学理上的通俗化阐释，从而让人民大众深刻了解党的理论和政策，并用这些理论和政策来指导各领域建设事业。《新建设》作为学术性刊物，其对于党的基本理论和方针政策发挥作用的方式，主要在于其学术性话语和理论化阐释。这既是《新建设》杂志的一个重要特征，也是它的成功之处。理论上的信服是思想上坚定、行动上自觉的前提。"理论只要彻底，就能说服人"①，而理论的彻底离不开对其学理和内在逻辑的透彻阐释。因此，在将党的基本理论和方针政策转化为大众的思想和情感认同并落脚于实际行动的过程中，一般意义上的概念化宣传很重要，而学理上的阐释也非常必要。学理上的"阐释"不同于一般意义上的宣传，它的作用形式也非一般的"述"，而是注重用学术语言进行理论论证，即注重发挥"释"和"论"的作用，以此来增强党的理论和政策的解释力、说服力和生命力。

这启示我们，在宣传党的基本理论和方针政策时，应注重学理支撑，发挥好学术研究的功能，以学辅政、以理服人。正如习近平总书记针对思政课所讲的那样，"政治引导是思政课的基本功能。强调思政课的政治引导功能，并不是要把课讲成简单的政治宣传，而要以透彻的学理分析回应学生，以彻底的思想理论说服学生，用真理的强大力量引导学生"②。同时，"对一般性争论和模糊认识，不能靠行政、法律手段解决，而是要靠马克思主义真理的力量，靠深入细致的思想政治工作，用真理揭露谎言，让科学战胜谬误"③。这也是学术研究工作，特别是中国特色哲学社会科

① 《马克思恩格斯文集》第一卷，人民出版社 2009 年版，第 11 页。
② 习近平：《思政课是落实立德树人根本任务的关键课程》，人民出版社 2020 年版，第 17—18 页。
③ 中共中央文献研究室编：《习近平关于社会主义文化建设论述摘编》，中央文献出版社 2017 年版，第 28 页。

学学术体系建设的现实意义所在。

第二,以学辅政、以理服人必须坚持正确的思想理论指导,即坚持马克思主义及其中国化时代化最新成果的指导。习近平总书记指出,"宣传思想工作就是要巩固马克思主义在意识形态领域的指导地位","党校、干部学院、社会科学院、高校、理论学习中心组等都要""成为马克思主义学习、研究、宣传的重要阵地"。① 新中国成立之初,《新建设》杂志主持者在对以往办刊方针和路线进行反思和超越的基础上,在学术立场上实现了向马克思主义和新民主主义的转变,并且在之后的办刊过程中始终坚持这一正确的思想理论指导。这为其发挥好阐释、宣传党的基本理论和方针政策的作用提供了基本的思想前提和科学的思想方法。做好理论宣传和思想工作,也必须坚持科学的思想理论指导。因此,在对政治宣传提供学理支撑时,也必须坚持马克思主义的指导。

从根本上来说,在发挥以学辅政、以理服人作用时坚持以马克思主义为指导,为其提供了基本立场和方法论的指导。其中,基本立场说明了"为什么人"的问题。学术研究是人们从思想上、理论上认识世界和解释世界的一种方式,主要研究人类社会的现实问题,是为了从理论认识上求得现实问题的解决方案,而研究者又是处于具体的历史环境和社会阶层中的个人或集体,因此他们的世界观、价值观及其个人的阶级情感等因素,都会影响其研究的出发点和落脚点,而出发点和落脚点的不同可能会导致整个结论的差异。因此,"为什么人的问题"往往是学术研究"的根本性、原则性问题",马克思主义坚持人民群众是历史的创造者,坚持马克思主义的指导就要求必须坚持人民的立场。因此,在用学术话语阐释和宣传政治理论主张时,就要求"必须坚持以人民为中心的研究导向","积极为党和人民述学立论、建言献策"。②

方法论指导说明了阐释和宣传政治理论主张的基本方式。"坚持以

---

① 《习近平谈治国理政》第一卷,外文出版社 2018 年版,第 153—154 页。
② 习近平:《在哲学社会科学工作座谈会上的讲话》,人民出版社 2016 年版,第 8、12 页。

马克思主义为指导,最终要落实到怎么用上来",在学术研究中,"最重要
的是坚持马克思主义基本原理和贯穿其中的立场、观点、方法。这是马克
思主义的精髓和活的灵魂",应该"把坚持马克思主义和发展马克思主义
统一起来,结合新的实践不断作出新的理论创造"①。也就是说,要用其
辩证唯物主义和历史唯物主义的基本观点和方法,来阐释党的基本理论
和方针政策,以之指导我们具体的实践,并在这个过程中实现理论自身的
发展和完善。

第三,以学辅政、以理服人应有现实关怀,必须服从和服务于国家建
设大局。《新建设》在文本选题上有着强烈的问题意识,它在创刊时就曾
明确提到理论阐释要解决实际问题,而在当时"中国千头万绪的实际问
题"中,"新民主主义中国的应该如何建设"是其中的"主要部分"②。《新
建设》在对刊登文本的选题上,大多直接紧扣了党在当时的中心工作和
新中国各领域建设的热点问题。比如,阐释和宣传经济建设方针时紧扣
当时财政经济领域稳定物价、统一财经和税收、土地改革、节约增产运动、
"三反""五反"运动、国家工业化的起步等重点任务展开;阐释和宣传政
治建设方针时紧扣各界代表会议和人民代表大会的组织、过渡时期总路
线的实施、宪法制定和实施等重要任务展开;阐释和宣传文化建设方针
时,紧扣党的基本理论的学习、知识分子思想改造、院系调整和课程改革、
旧文艺改造等任务展开。再如,《新建设》还聚焦不同时段的具体任务,
专门组织开设"抗美援朝特辑"、"纪念五四特辑"、"纪念中国共产党三十
周年特辑"、"中国文字改革特辑"、"庆祝中华人民共和国两周年特辑"、
"学习《毛泽东选集》特辑"等专辑,约请国内知名学术大家撰稿。在这些
具体议题背后,《新建设》刊文所关注的核心议题仍然是马克思主义指导
地位的确立,具体而言就是马克思主义的立场、观点和方法在学术研究工
作中的运用。这是《新建设》所刊发的理论文本能够产生广泛社会影响

---

① 习近平:《在哲学社会科学工作座谈会上的讲话》,人民出版社 2016 年版,第 13 页。
② 费青:《发刊辞》,《新建设》第一卷第 1 期,1949 年 9 月 8 日。

的一个很重要的原因。

这启示我们,学术不应该是书斋里的学问,用学术话语来讲政治也必须具有明确的现实关怀和问题意识。在当前就是要将问题意识的立足点放在新时代、放在中国、放在我们所进行的中国特色社会主义事业之中,把握新时代特征,紧扣中国特色社会主义发展的基本问题,展开阐释和论证。正如习近平总书记指出的那样,"只有聆听时代的声音,回应时代的呼唤,认真研究解决重大而紧迫的问题,才能真正把握住历史脉络、找到发展规律,推动理论创新";学术研究工作的"着力点、着重点",就在于"以我们正在做的事情为中心",从中"挖掘新材料、发现新问题、提出新观点、构建新理论"。① 因此,用学术来讲政治,就需要面向中国特色社会主义新时代的时代特征来确定学术命题,"以研究我国改革发展稳定重大理论和实践问题为主攻方向,立时代潮头,通古今变化,发思想先声,繁荣中国学术,发展中国理论,传播中国思想"②,让党的基本理论和方针政策深入人心。

第四,学术期刊要注重发挥教育人民、"化成"民风的作用。《新建设》在创刊之初明确指出,他们对党的思想理论的学习动力,主要是在"获读毛主席从马列主义和中国革命实际中所提炼而得的正确理论"和"目击一般中共朋友在这个指导理论下的种种艰苦努力"之后而产生的③,也就是主要来源于党的思想理论的说服力和中国共产党人的感染力,而且这也成为《新建设》杂志对阐释和宣传党的基本理论和方针政策的重要方式。这种方式体现的恰恰是中华文化的"化成"作用。从古代开始,中国在治理天下、管理国家、处理对外关系的过程中,就讲求"文治"、"教化",注重以平和、柔性的方式方法来解决治国理政过程中出现的各种矛盾,化解冲突,恢复秩序,不到万不得已时,一般不采用暴力手段

---

① 习近平:《在哲学社会科学工作座谈会上的讲话》,人民出版社 2016 年版,第 14、21—22 页。
② 习近平:《致中国社会科学院建院 40 周年的贺信》,《人民日报》2017 年 5 月 18 日。
③ 费青:《发刊辞》,《新建设》第一卷第 1 期,1949 年 9 月 8 日。

或武力方式。正如习近平总书记提出的那样，"文化是沟通心灵的桥梁。以理服人，以文服人，以德服人，是中华文化的生命禀赋和生存耐性"；"古往今来，任何一个大国的发展进程"都包含了"价值观念、思想文化等软实力提高的进程"，而"文化软实力集中体现了一个国家基于文化而具有的凝聚力和生命力，以及由此产生的吸引力和影响力"；①"中华民族之所以在世界有地位、有影响，不是靠穷兵黩武，不是靠对外扩张，而是靠中华文化的强大感召力和吸引力"。②

这启示我们，学术期刊作为话语体系建设和理论工作的重要组成部分，要注重发挥这种内在的、平和的作用方式，发挥理论、精神、文化的感召力、鼓舞力、吸引力，使党的基本理论和方针政策"化"为人民大众的普遍的思想认同和行动指针。另外，中国国际地位的提高和在国际上受人尊敬，主要也是"中国人民用自己的百年奋斗赢得的"，我们在对外交往和国际话语体系建设中，也"不认可'国强必霸'的逻辑"，而主张以文明交流互鉴超越文明冲突，"坚持走和平发展道路"，坚持"以理服人，以文服人，以德服人"，运用"多种方式展示中华文化魅力"。③

综上所述，做好新时代理论宣传工作，应该坚持马克思主义的指导地位，面向新时代特征和中国特色社会主义发展的实践需要，注重以学辅政、以理服人，以透彻的学理讲好党的基本理论和方针政策，以真理的强大力量凝聚起团结奋斗的思想共识，为实现中华民族伟大复兴提供坚定的思想基础、科学的理论指导和团结奋进的精神力量。同时，应不断加强国际话语体系建设，扩大中国特色社会主义文化的影响力，为构建人类命运共同体提供中国智慧和中国方案。

---

① 中共中央文献研究室编：《习近平关于社会主义文化建设论述摘编》，中央文献出版社 2017 年版，第 198、201 页。

② 中共中央文献研究室编：《十八大以来重要文献选编》中，中央文献出版社 2016 年版，第 119 页。

③ 《习近平谈治国理政》第一卷，外文出版社 2018 年版，第 161—162、170 页。

参 考 文 献

（一） 党和国家及主要领导人文献

[1]《毛泽东选集》第1—4卷,人民出版社版1991年版。

[2]中共中央文献研究室编:《毛泽东文集》第1—7卷,人民出版社1993—1999年版。

[3]中共中央文献研究室编:《建国以来毛泽东文稿》第1—6册,中央文献出版社1987—1992年版。

[4]中共中央文献研究室、中共湖南省委《毛泽东早期文稿》编辑组编:《毛泽东早期文稿》,湖南出版社1990年版。

[5]中共中央文献研究室编:《毛泽东著作专题摘编》,中央文献出版社2003年版。

[6]中共中央文献研究室编:《毛泽东书信选集》,中央文献出版社2003年版。

[7]中共中央文献研究室、新华通讯社编:《毛泽东新闻工作文选》,新华出版社1983年版。

[8]中共中央文献研究室编:《毛泽东年谱(1893—1949)》修订本,中央文献出版社2013年版。

[9]中共中央文献研究室编:《毛泽东年谱(1949—1976)》第1—3卷,中央文献出版社2013年版。

[10]中共中央文献研究室编:《毛泽东思想年编(1921—1975)》,中央文献出版社2011年版。

[11]中共中央文献研究室编:《毛泽东传》第六册,中央文献出版社2011年版。

[12]《刘少奇选集》下卷,人民出版社1985年版。

[13]中共中央文献研究室编:《周恩来文化文选》,中央文献出版社1998年版。

[14]中共中央文献研究室编:《周恩来年谱(1898—1949)》修订本,中央文献出版社1998年版。

[15]《习近平谈治国理政》第1—3卷,外文出版社2018年、2017年、2020年版。

[16]中共中央文献研究室编:《习近平关于社会主义文化建设论述摘编》,中央文献出版社2017年版。

[17]习近平:《在哲学社会科学工作座谈会上的讲话》,人民出版社2016年版。

[18]习近平:《致中国社会科学院建院40周年的贺信》,《人民日报》2017年5月18日。

[19]中共中央文献研究室编:《建国以来重要文献选编》第一—九册,中央文献出版社1992—1994年版。

[20]中共中央文献研究室,中央档案馆编:《建党以来重要文献选编》第26册,中央文献出版社2011年版。

[21]中共中央宣传部办公厅、中央档案馆编研部编:《中国共产党宣传工作文献选编》第三卷,学习出版社1996年版。

[22]中共中央宣传部新闻局编:《中国共产党新闻工作文献选编》,人民出版社1990年版。

[23]中国出版科学研究院、中央档案馆编:《中华人民共和国出版史料》第1—5册,中国书籍出版社1995—1999年版。

（二）基本文献

[1]《新建设》,1949—1966年。

［2］《中建》第三卷第 5 期，1948 年 8 月 1 日。

［3］《中建》（北平版），1948—1949 年。

［4］《中建》（华北航空版），1948—1949 年。

［5］《中建》（综合版），1949 年。

［6］《新建设文献资料（楚图南、陶大镛）》，广东崇正拍卖有限公司，2019 年。

［7］汪信砚主编：《李达全集》第 16—17 卷，人民出版社 2016 年版。

［8］《胡乔木文集》第 1—3 卷，人民出版社 2012 年版。

［9］《胡乔木传》编写组编：《胡乔木谈新闻出版》修订版，人民出版社 2015 年版。

［10］《胡乔木传》编写组编：《胡乔木书信集》修订本，人民出版社 2015 年版。

［11］《陆定一文集》编辑组编：《陆定一文集》，人民出版社 1992 年版。

［12］中国社会科学院科研局编选：《周扬集》，中国社会科学出版社 2000 年版。

［13］朱耀军编：《周扬文论选》，人民文学出版社 2009 年版。

［14］《陶大镛文集》上、下，北京师范大学出版社 1992 年版。

［15］黄淳浩编：《郭沫若书信集》上、下，中国社会科学院出版社 1992 年版。

［16］白晟编：《费青文集》下册，商务印书馆 2015 年版。

［17］最高人民法院政治部，办公厅，研究室编：《张志让文集》，人民法院出版社 1995 年版。

［18］宋健主编：《袁翰青文集》，科学技术文献出版社 1995 年版。

（三）传记、回忆录、纪念文集等

［1］徐中远：《毛泽东晚年读书纪实》，中央文献出版社 2012 年版。

［2］政协上海市南汇区委员会编：《沧海一粟——世纪老人王昆仑》，

2009 年版。

[3]政协上海市浦东新区委员会编:《传奇老人王艮仲》,2012 年版。

[4]陈清泉、宋广渭:《陆定一传》,中共党史出版社 1999 年版。

[5]苏双碧,王宏志:《吴晗传》,北京出版社 1984 年版。

[6]尚丁:《黄炎培》,人民出版社 1990 年版。

[7]黄方毅:《黄炎培与毛泽东周期率对话——忆父文集》,人民出版社 2012 年版。

[8]北京师范大学经济与工商管理学院、中国民主同盟中央委员会编:《陶大镛先生纪念文集》,人民出版社 2011 年版。

[9]苏平:《雷洁琼》,辽宁人民出版社 1995 年版。

[10]沙知编:《向达学记》,生活·读书·新知三联书店 2010 年版。

(四) 研究著作

[1]高云屏:《第一个五年计划中的文教工作》,中华全国科学技术普及协会出版 1956 年版。

[2]陈其五:《论文化革命和思想革命》,上海人民出版社 1958 年版。

[3]敢峰:《文化革命讲话》,通俗读物出版社 1958 年版。

[4]福建人民出版社编辑部编:《知识分子思想改造的道路》,福建人民出版社 1958 年版。

[5]《中国共产党历史(1949—1978)》上册,中共党史出版社 2011 年版。

[6]中共中央马恩列斯著作编译局马恩室编:《马克思恩格斯著作在中国的传播》,人民出版社 1983 年版。

[7]朱育和等主编:《当代中国意识形态情态录》,清华大学出版社 1997 年版。

[8]王炳林:《抉择——共和国重大思想决策论争纪实》,人民出版社 2021 年版。

[9]吴建国等主编:《当代中国意识形态风云录》,警官教育出版社

1993 年版。

[10]郑师渠主编:《中国共产党文化思想史研究》,中共中央党校出版社 2007 年版。

[11]侯惠勤等:《新中国意识形态史论》,安徽人民出版社 2011 年版。

[12]胡海涛:《建国初期对唯心主义的四次批判》,百花洲文艺出版社 2006 年版。

[13]郑谦主编:《中国共产党指导思想发展史》第 1—3 卷,广东教育出版社 2012 年版。

[14]李曙新:《中国共产党指导思想史》,青岛出版社 2007 年版。

[15]孙占元主编:《中国共产党理论创新史》,山东人民出版社 2012 年版。

[16]张静如主编:《中国共产党思想史》,青岛出版社 1991 年版。

[17]张静如等:《中国当代社会史(1949—1956)》第一卷,湖南人民出版社 2015 年版。

[18]郭德宏等编:《中国共产党的历程》第二卷,河南人民出版社 2001 年版。

[19]逄先知:《怀人说史》,生活·读书·新知三联书店 2019 年版。

[20]逄先知:《伟大旗帜——毛泽东和毛泽东思想》,生活·读书·新知三联书店 2019 年版。

[21]陈晋:《毛泽东的文化创新之路》,商务印书馆 2020 年版。

[22]陈晋、王均伟:《毛泽东、邓小平、江泽民与中国先进文化》,广东教育出版社 2003 年版。

[23]李鹏程:《毛泽东与中国文化》,人民出版社 1993 年版。

[24]张静如:《张静如文集》第二卷,海天出版社 2006 年版。

[25]林国标:《中国社会主义意识形态发展史》,湖南人民出版社 2007 年版。

[26]张顺清等:《中华人民共和国文化史》,黑龙江教育出版社 1992

年版。

［27］黄楠森等主编:《有中国特色社会主义文化研究》,山东人民出版社 1999 年版。

［28］朱志敏:《中国共产党与 20 世纪中国文化》,中国社会出版社 2004 年版。

［29］赵庆云:《创榛辟莽》,社会科学文献出版社 2019 年版。

［30］储著武:《当代中国文化建设史论(1949—1956)》,中国社会科学出版社 2018 年版。

［31］欧阳雪梅:《中华人民共和国文化史(1949—2012)》,当代中国出版社 2016 年版。

［32］任晓伟:《新民主主义思想的源起和走向》,陕西师范大学出版总社 2019 年版。

［33］辛文斌:《新民主主义论》与中国文化现代化,中央编译出版社 2007 年版。

［34］卢少求:《中国共产党执政文化建设史论》,人民出版社 2017 年版。

［35］张士海:《中国共产党文化领导权建设研究》,中国社会科学出版社 2014 年版。

［36］朱磊:《中国共产党文化领导权问题研究》,中国社会科学出版社 2019 年版。

（五）研究论文

［1］谭家健:《〈新建设〉编辑生涯拾零》,《百年潮》2007 年第 11 期。

［2］吉伟青:《我所了解的〈新建设〉》,《百年潮》2003 年第 6 期。

［3］梁中堂:《马寅初事件始末》,《中共山西省委党校学报》2011 年第 5 期。

［4］闻宁:《"以一个具有高度文化的民族出现于世界"——毛泽东为〈新建设〉杂志的题词》,《党的文献》2017 年第 1 期。

［5］陈希:《"新建设"杂志等开始讨论形式逻辑与辩证法关系问题》,《哲学研究》1955 年第 2 期。

［6］伟焜:《关于商品生产和价值规律问题——评介〈经济研究〉、〈新建设〉和〈学术月刊〉有关这一问题的讨论》,《读书》1959 年第 6 期。

［7］张钰:《转折中的学术批判——〈新建设〉杂志与 1954 年对〈红楼梦〉研究的批判》,《中国当代文学研究》2019 年第 5 期。

［8］吴文珑:《新中国成立初期理论界对〈实践论〉〈矛盾论〉的学习和宣传——以〈新建设〉杂志为中心的考察》,《党的文献》2021 年第 3 期。

［9］吴文珑:《〈关于正确处理人民内部矛盾的问题〉在知识界的阅读和接受——以〈新建设〉杂志为视角的考察》,《毛泽东思想研究》2021 年第 6 期。

［10］王宪明:《学习习近平新时代中国特色社会主义文化自信思想》,《红色文化学刊》2018 年第 3 期。

［11］刘仓:《新中国文化建设的历程、成就和经验探析》,《毛泽东邓小平理论研究》2011 年第 3 期。

［12］刘仓:《新民主主义文化向社会主义文化转变的必然趋势》,《中国井冈山干部学院学报》2013 年第 1 期。

［13］杨凤城:《新中国建立初期的文化转型研究》,《党史研究与教学》2008 年第 2 期。

［14］王子蕲:《马克思主义意识形态在中国的建构（1949～1956）》,《党史研究与教学》2011 年第 5 期。

［15］朱培丽:《新中国成立初期知识分子意识形态认同的建构逻辑》,《实事求是》2020 年第 1 期。

［16］李曙新:《建国初期指导思想一元化和文化发展多元化统一格局的形成及其影响》,《理论学刊》2010 年第 12 期。

［17］李祥兴:《论建国初期的冬学运动与中共主流意识形态的建设》,《中南大学学报（社会科学版）》2015 年第 1 期。

[18]胡安全:《论党在过渡时期的文化政策》,《当代中国史研究》2001 年第 2 期。

[19]雷杨等:《新中国 70 年以来文化政策的演进浅析》,《渭南师范学院学报》2019 年第 9 期。

[20]史小宁:《新中国成立以来党的意识形态工作的历史演进与主要启示》,《观察与思考》2020 年第 5 期。

[21]葛星鸣:《建国初期文化转型与八大社会主义文化观的确立》,《陕西师范大学学报(哲学社会科学版)》1996 年第 S2 期。

[22]赵有田等:《论建国初期的文化改造及其历史启示》,《青岛大学师范学院学报》2008 年第 1 期。

[23]李世敏:《新中国文化治理的结构转型》,《云南行政学院学报》2015 年第 6 期。

[24]陈晋:《毛泽东与文化的社会主义转变》,《中共党史研究》2002 年第 2 期。

[25]史炳军:《社会转型与文化重构——论共和国初期的文化建设》,《求索》2005 年第 10 期。

[26]田克勤等:《探析建国初期中国共产党的文化建设和改造》,《江西师范大学学报(哲学社会科学版)》2007 年第 4 期。

[27]黎见春:《从建国初期意识形态斗争看中国先进文化的前进方向》,《党史文汇》2002 年第 5 期。

[28]叶建:《探寻新中国文化发展的历史逻辑——评〈当代中国文化建设史论(1949—1956)〉》,《廊坊师范学院学报(社会科学版)》2020 年第 3 期。

[29]徐志翔:《新中国成立初期文化教育建设与改造的历史审视》,《河南师范大学学报(哲学社会科学版)》2020 年第 4 期。

[30]杨松菊等:《建国初期中国共产党改造陋俗文化的路径探析》,《当代教育理论与实践》2013 年第 10 期。

[31]杨松菊等:《建国初期党对私营文化事业的改造与管理——从

陌俗文化改造的视角》，《长沙大学学报》2014 年第 6 期。

[32]张丰清:《毛泽东与新中国成立初期的意识形态主导权》，《毛泽东思想》2019 年第 2 期。

[33]李美玲等:《新中国成立初期中国共产党文化建设研究》，《传承》2019 年第 4 期。

[34]岳剑、蔡福松:《试论建国初期党对传统文化的认识和政策》，《党史研究与教学》1997 年第 6 期。

[35]肖文明:《国家能力与文化治理:以中华人民共和国建立初期的上海为个案》，《思想战线》2013 年第 4 期。

[36]谢春涛等:《新中国成立以来中国共产党对文化建设战略意义的认识》，《内蒙古大学学报(哲学社会科学版)》2020 年第 2 期。

[37]顾濛等:《新中国成立前后中国共产党领导文化建设的"三个转变"——基于 1946—1956 十年间的文化建设实践》，《理论导刊》2018 年第 4 期。

[38]吴起民:《中国共产党新民主主义文化思想研究述评》，《中共党史研究》2017 年第 5 期。

[39]骆郁廷:《新中国成立初期的文化软实力发展战略》，《文化软实力研究》2016 年第 1 期。

[40]徐功献:《建国后中国共产党文化理念的演变》，《武汉科技大学学报(社会科学版)》2016 年第 1 期。

[41]王永贵:《不断开辟中国特色社会主义意识形态建设的新境界》，《当代世界与社会主义》2019 年第 5 期。

[42]周连顺:《意识形态整合与马克思主义优势话语权的建构——以新中国初期为中心》，《现代哲学》2017 年第 2 期。

[43]燕连福、李婧:《新中国 70 年主流意识形态传播的历史演进、主要经验及发展指向》，《马克思主义理论学科研究》2019 年第 6 期。

[44]金民卿:《新中国社会主义制度创建过程中的意识形态探索》，《高校马克思主义理论研究》2019 年第 2 期。

[45]李晓阳、张明:《新中国70年来主流意识形态感性传播的发展历程及其启示》,《理论导刊》2019年第10期。

[46]阎锋:《试论我国建国初期的文化过渡》,《广西社会科学》2007年第2期。

[47]齐芳:《建国初期中国共产党执政文化资源的整合与构建》,《首都师范大学学报(社会科学版)》2006年第S1期。

[48]赵子林:《过渡时期文化建设的经验教训探析》,《长江大学学报(社会科学版)》2004年第5期。

[49]牟德刚:《建国初期毛泽东对先进文化建设的引导》,《社会科学战线》2003年第5期。

[50]颜杰峰、邵云瑞:《建国初期毛泽东领导的意识形态工作及其启示》,《理论探讨》2007年第5期。

[51]黎见春:《建国初期意识形态建设的经验和历史启示》,《兰州学刊》2006年第5期。

[52]张星星:《新中国社会主义意识形态的基本确立》,《当代中国史研究》2007年第1期。

[53]杨俊:《论新中国成立初期中国共产党领导新文化建设的历史实践》,《马克思主义研究》2018年第12期。

[54]吴荣军:《建国初期意识形态的共识构建及其当代启示》,《学海》2018年第6期。

[55]张梅:《论中国共产党创建以来意识形态的变迁》,《山西师大学报(社会科学版)》2012年第1期。

[56]王先俊:《1949~1956年中国主流意识形态建设的历史经验》,《当代中国史研究》2012年第3期。

[57]刘国普:《建国初期中国共产党意识形态话语权建构问题探析》,《湖湘论坛》2016年第5期。

[58]张亚:《马克思主义理论工作者与新中国国家意识形态的构建——以〈学习〉杂志为个案》,《淮南师范学院学报》2012年第1期。

[59]刘洁、杨连生:《建国初期〈人民日报〉在马克思主义大众化中的作用及其现实启示》,《理论学刊》2015 年第 6 期。

[60]张旭东:《建国初期的先进文化建设及其现实意义》,《衡阳师范学院学报(社会科学)》2002 年第 2 期。

[61]康健:《中国共产党文化政策的发展历程探析》,《辽宁师范大学学报(社会科学版)》2013 年第 3 期。

[62]王成诚:《建国初期文化建设的中西之争——以中医政策为例》,《中共四川省委党校学报》2012 年第 4 期。

[63]谢保杰:《"识字的政治"——略论建国初期的识字运动与社会主义新文化的建构》,《汕头大学学报(人文社会科学版)》2012 年第 6 期。

[64]刘源泉等:《建国初期中国共产党少数民族文化政策与实践》,《中国浦东干部学院学报》2012 年第 4 期。

[65]余平:《建国初期中国共产党的文化建设》,《胜利油田党校学报》2011 年第 6 期。

[66]王凤青:《新中国成立初期党在思想文化领域的探索与实践》,《白城师范学院学报》2011 年第 2 期。

[67]王延隆:《新中国成立以来社会主义意识形态研究的知识图谱分析——基于中国知网(CNKI)的文献计量分析》,《青海师范大学学报(哲学社会科学版)》2020 年第 2 期。

[68]谭兴林:《新中国成立以来意识形态问题研究主题的演变逻辑——基于 CiteSpace 的可视化分析》,《高校马克思主义理论研究》2019 年第 5 期。

[69]张耀元:《建国十七年中国共产党文化建设研究(1949—1966)》,辽宁师范大学,2014 年。

[70]王铁钢:《建国十七年中国共产党的文化政策及其演变(1949—1956)》,湖南师范大学,2015 年。

[71]王建军:《新中国成立初期国家治理体系的构建(1949—

1956)》,中共中央党校,2018年。

[72]陈娅飞:《1949—1956年中共对乡村文化的改造——以均县农村业余剧团为中心的考察》,中共中央党校,2018年。

[73]黄丽娟:《建国以来社会主义意识形态建设研究——以政治社会化为研究视阈》,上海社会科学院,2017年。

[74]廖义军:《1949—1956年新中国农村文化建设研究》,武汉大学,2013年。

责任编辑：马长虹

封面设计：王欢欢

图书在版编目（CIP）数据

《新建设》与新中国成立初期的理论学习／牛利坡
著. -- 北京：人民出版社，2024.6. -- ISBN 978-7-01
-026534-6

Ⅰ. C12；G237.5

中国国家版本馆 CIP 数据核字第 2024B82X01 号

《新建设》与新中国成立初期的理论学习
XIN JIANSHE YU XIN ZHONGGUO CHENGLI CHUQI DE LILUN XUEXI

牛利坡　著

人 民 出 版 社　出版发行

（100706　北京市东城区隆福寺街 99 号）

中煤（北京）印务有限公司印刷　新华书店经销

2024 年 6 月第 1 版　2024 年 6 月北京第 1 次印刷
开本：710 毫米×1000 毫米 1/16　印张：12.5
字数：200 千字

ISBN 978 - 7 - 01 - 026534 - 6　定价：48.00 元

邮购地址 100706　北京市东城区隆福寺街 99 号
人民东方图书销售中心　电话（010）65250042　65289539